蓮如の「御文」

大谷暢順

人文書院

まえがき

蓮如上人は、社会の底辺にある、当時の民衆に佛教を説く為に、誰にでも分る平易な言葉で、「御文《おふみ》」と称せられる短い説法の文章を数多く書きましたが、これが大いに普及して、阿弥陀信仰が弘まりました――一昨年（二〇〇二年）が上人の五百回忌に当たり、それで所謂蓮如ブームが起こり、多くの書物が出版されたのみならず、テレビの放映や演劇の上演まで行われ、その結果、概《おおむね》右のような蓮如観がもてはやされました。けれども蓮如上人の「御文」は、今の我々にも理解できる易しい作品でしょうか？

浄土真宗で特に本願寺系の寺院では、法要の後で、蓮如の御文の一章（つまり作品の一つ）が拝読されます。従って私も幼時からこれを聞かされ続けて来ましたが、ついぞ、その意味を理解したことはありませんでした。読み方が流暢なので、大した不快感は覚えませんでしたが、次第に眠気に誘われてあくびをかみ殺していたものでした。

「御文」が分り易いと主張する人々の根拠は、これが話し言葉だからということですが、「御文」と比べると例えば宗祖・親鸞聖人の和讃《わさん》などは、難しい言葉がいっぱいあり、書き言葉です。今もしこの両典が机の上に置かれて、どちらかを読むのを義務づけられたとしたら、私はむしろ後者を選ぶでしょう。和讃は全て四行で一節となり、七五調で綴られているから、意味は分らなくともそのリズムに乗って感動することがあるのです。

何よりも、内容として、宗祖の作品には屢々ドラマがあります。宗教的パトス（pathos）が語られるのです。平たく言って酔わせるものがあります。

蓮如上人の方が却って近付きにくいのです。一見魅力がありません。読者をいきなり引っ張り込むものがないのです。それに、話し言葉と言ったって、今から五百年前の口語です。また、話し言葉であることが、我々を彼の作品に入り込みにくくしています。悪く言えばだらだらと説教が続くばかりで、減張《めりはり》に乏しいのです。

聞かされるのみであった「御文」を、私が直接目に当てて見るようになったのは、何時からだったか、記憶にはありませんが、その時、聞くより、読む方がいっそう退屈なのを分らせられました。「文《ぶん》」、即ち話の切れ目がどこなのかさえ分りません。主語と述語、主節と従属節の関係も分明でないことがあります。

――こんなことに私が気付いたのは、御文をフランス語訳するよう求められて、その仕事に取り掛かったからなのですが――何となく読み出すと、作品の中の論理の繋りがよけい分らなくなってしまうのです。

やはりリズムやテンポに乗らなければ、読書ということはできないものです。蓮如の言葉は、遠慮なく言えば、ただのんべんだらりと老人の繰言の如く語り続けられて行きます。

然し、実はそうではありません。稚拙で冗長に見えるその文章の中に、燃えるような信仰のパトスが隠されているのです。形の上では分らない法悦のリズムが躍動している。私は或時、忽然としてこれに気付き、目の覚める思いがしました。残念ながら、それはかなり最近になってからです。それについて、これから徐々にお話して行こうと思います。

平成十六年暮

大谷暢順

目次

蓮如の「御文」

二帖目第一通

お浚《さら》えの章

呈示部

1 抑《ソモ〳〵》 今度《コムト》 一七ヶ日《井チシチカニチ》 報恩講《ホウオンカウ》 ノ アヒタニ

2 ヲヒテ 多屋内方《タヤナイハウ》モ ソノ ホカノ 人《ヒ》モ

3 大略《タイリヤク》 信心《シンシム》ヲ 決定《クエチチヤウ》 シ 給《タマ》ヘル ヨシ キコエ

4 タリ メテタク 本望《ホンマウ》 コレニ スク ヘカラス

5 サリ ナカラ ソノ マヽ ウチ ステ 候《サフラフ》ヘハ

6 信心《シンシム》モ ウせ 候《サフラフ》 ヘシ 細々《サイ〳〵》ニ 信心《シンシム》ノ ミソヲ

7 サラヘテ 弥陀《ミタ》ノ 法水《ホフシ井》ヲ ナカせ ト イヘル

8 事《コト》 アリ ケニ 候《サフラフ》

展開部前段

ソレニ ツイテ 女人《ニヨニン》ノ

9 身《ミ》ハ 十方三世《シフハウサムせ》ノ 諸佛《シヨフチ》 ニモ ステ ラレ タル

10 身《ミ》 ニテ 候《サフラフ》 ヲ 阿弥陀如來《ワアミタニヨライ》 ナレハ コソ カタ

11 シケナクモ タスケ マシ〳〵 候《サフラ》ヘ

ソノ
ユヘハ 女人《ニヨニン》ノ 身《ミ》ハ イカニ 真實心《シンシチシム》ニ ナリ
タリ ト イフ トモ ウタカヒノ 心《コヽロ》 ハ フカク
シテ 又《マタ》 物《モノ》 ナント ノ イマハシク オモフ 心《コヽロ》 ハ
サラニ ウせ カタク オホエ 候《サフラフ》
コトニ 在家《サイケ》ノ
身《ミ》ハ 世路《せイロ》ニ ツケ 又《マタ》 子孫《シソン》 ナント ノ 事《コト》ニ
ヨソヘテモ タヽ 今生《コムシヤウ》ニ ノミ フケリテ
コレホトニ ハヤ メニ ミエテ アタナル 人間《ニンケン》
界《カイ》ノ 老少不定《ラウせウフチヤウ》ノ サカヒ ト シリ ナカラ
タヽイマ 三塗《サムツ》 八難《ハチナン》ニ シツマン 事《コト》 ヲハ ツユ
チリ ホトモ 心《コヽロ》ニ カケス シテ イタツラニ
アカシ クラス ハ コレ ツ子ノ 人《ヒト》ノ ナラヒ ナリ
アサマシ ト イフモ ヲロカ ナリ

展開部中段

コレニ ヨリテ
24 一心一向《井チシム井チカウ》ニ 弥陀《ミタ》 一佛《井チフチ》ノ 悲願《ヒクワン》ニ 歸《ク井》シテ
25 フカク タノミ タテマツリテ モロ〱ノ 雜《サフ》
26 行《キヤウ》ヲ 修《シユ》スル 心《コヽロ》ヲ ステ 又《マタ》 諸神《シヨシン》 諸佛《シヨフチ》ニ
27 追従《ツイシヨウ》 マウス 心《コヽロ》 ヲモ ミナ ウチ ステ、 サテ
28 弥陀如來《ミタニヨライ》ト 申《マウス》 ハ カ、ル 我《ワレ》ラ コトキ ノ
29 アサマシキ 女人《ニヨニン》ノ タメニ ヲコシ 給《タマ》ヘル 本願《ホンクワン》
30 ナレハ マコトニ 佛智《フチチ》ノ 不思議《フシキ》ト 信《シン》シテ
31 我身《ワカミ》ハ ワロキ イタツラ モノ ナリ ト オモヒ
32 ツメ テ フカク 如來《ニヨライ》ニ 歸入《ク井ニフ》スル 心《コヽロ》ヲ モツ ヘシ
33 サテ コノ 信《シン》スル 心《コヽロ》モ 念《子ム》スル 心《コヽロ》モ 弥陀《ミタ》
34 如來《ニヨライ》ノ 御方便《コハウヘン》 ヨリ ヲコサ シムル モノ
35 ナリ ト オモフ ヘシ カヤウニ コ、ロウル ヲ スナハチ

36 他力《タリキ》ノ 信心《シンシム》ヲ エ タル 人《ヒト》 トハ イフ ナリ

展開部後段

又《マタ》

37 コノ クラ井ヲ アルヒハ 正定聚《シヤウチヤウシユ》ニ 住《チユ》ス トモ

38 滅度《メチト》ニ イタル トモ 等正覚《トウシヤウカク》ニ イタル

39 トモ 弥勒《ミロク》ニ ヒトシ トモ 申《マウス》 ナリ 又《マタ》 コレヲ

40 一念發起《井チ子ムホチキ》ノ 往生《ワウシヤウ》 サタマリ タル 人《ヒト》 トモ

41 申《マウ》ス ナリ

終結部

42 稱名念佛《シヨウミヤウ子ムフチ》ハ 弥陀如來《ミタニヨライ》ノ 我《ワレ》ラカ 往生《ワウシヤウ》ヲ

カクノ コトク 心《コヽロ》ニテ ノ ウヘノ

43 ヤスク サタメ 給《タマ》ヘル ソノ 御《オン》ウレシサノ

44 御恩《コヲン》ヲ 報《ホウ》シ タテマツル 念佛《子ムフチ》 ナリ ト

45 コヽロウ ヘキ モノ ナリ アナカシコ〳〵

添書

前段

46 コレニツイテマツ當流《タウリウ》ノオキテヲ
47 ヨク〳〵マモラせ給《タマフ》ヘシソノイハレハ
48 アヒカマヘテイマノコトク信心《シンシム》ノトホリヲ
49 心《コヽロ》ニ給《タマ》ハヽ身中《シンチウ》ニフカクオサメヲキテ
50 他宗《タシュ》他人《タニン》ニ對《タイ》シテソノフルマヒヲ
51 ミせスシテ又《マタ》信心《シンシム》ノヤウヲモカタル
52 ヘカラス一切《井チサイ》ノ諸神《ショシン》ナントヲモワカ
53 信《シン》せヌマテナリヲロカニスヘカラス

後段

54 カクノコトク信心《シンシム》ノカタモソノフル
55 マヒモヨキ人《ヒト》ヲハ聖人《シャウニン》モヨク心《コヽロ》エタル
56 信心《シンシム》ノ行者《キャウシャ》ナリトオホせラレタリ

57 タヽ　フカク　コヽロ　ヲハ　佛法《フチホフ》ニ　トヽム　ヘキ
58 ナリ　アナカシコ〱

奥書

59 文明《フンメイ》　第五《タイコ》　十二月八日《シフニクワチヤウカノヒ》　コレヲ　カキ
60 テ　當山《タウサム》ノ　多屋内方《タヤナイハウ》ヘ　マイラせ
61 候《サフラフ》　コノホカ　ナヲ〱　不審《フシン》ノ　事《コト》
62 候《サフラ》ハヽ、　カサ子テ　トハせ　タマフ
63 ヘク　候《サフラフ》

所送寒暑

五十八歳　御判

64 ノチノ　代《ヨ》ノ　シルシノ　タメニ　カキ　ヲキシ
65 ノリノ　コトノ　葉《ハ》　カタミ　トモ　ナレ

由　来

この御文は、「お浚《さら》えの章」と名付けられ、報恩講満座の翌朝、即ち十一月廿九日に拝読されて、報恩講に必ず添えられた教化と考えられて来ています。

本章の日付は「十二月八日」ですが、文の冒頭は「一七ヶ日　報恩講　ノ　アヒタ…」と始まり、数行後に「信心ノ　ミソヲ《ぞ》　サラヘテ《え》…」と書かれているからには、正しく報恩講で習《いだ》った信心を、お浚《さら》いしなさいと教えているお文です。

報恩講とは

「報恩講」とは、真宗に於て、宗祖親鸞聖人が教《おしえ》を説いて下さったその御恩を報ずる為に、聖人の御命日・十一月廿八日に寄り合って開く法座のことで、これを丁寧に勤める所では、十一月廿一日から毎日、七昼夜に亙って行うので、「一七ヶ日の報恩講」と言われるのです。

この習《ならわ》しは、聖人滅後、かなり早い時期にできたようで、今日もその伝統は受け継がれています。蓮如上人は、宗祖の八代目の後裔であり、宗祖没後百五十年を経過していて、已《すで》にその時代、この講は、浄土真宗門徒の間に定着した行事となっていましたが、宗祖の恩徳を大いに顕彰し、報恩講をいっそう盛んにし、普及したのには、蓮如上人に負うところが大きいと言わねばなりません。五帖御文八十通の中でも、二十四回も「報恩講」（また「御正忌」とも言う）という言葉が現れ、その意義の重要さが強調されています。八十通の中で二十四回ですから平均三通に一回という頻度で、この法要・法座が、浄土真宗を奉ずる人々にとって、一年中で最も大事な時期であることを、蓮師は印象づけようとされたのではないかと思います。この講が、我々真宗の門下の者にとって、信心獲得《ぎゃくとく》の機縁となるようにというのが上人の切なる願いであったことが痛感されるのです。

そうでなければ、「報恩講ノアヒタニ」…多屋内方の信心決定したという、本御文書出し部分の意味を、我々は納得し難《にく》いでしょう。今日では、報恩講に参詣しても、勤行や法話に耳を傾けても、我々は、お互いの信仰を語り合ったり、確かめ合ったりなどは、一向しなくなりました。これは蓮如上人の御遺旨に添わない、大変申し訳ないことであります。

この御文は、文末に記されている如く、「文明 第五」即ち文明五年、西暦の一四七三年十二月八日に書かれました。「當山ノ」とありますが、これは、越前（福井県）にある吉崎山で、その頃以降、御山《おやま》と呼ばれるようになりました。

蓮如上人は、十二、三年の間、畿内、近江などで布教に当られ、大いに成果が挙《あが》って、先住の代まで、微々たる教団であった本願寺宗門には、この地域のみならず、伊勢、三河等にも多くの有力な門徒の集団が形成されました。

然し本願寺のこのような隆盛に、旧佛教諸宗は不安を感じ始め、蓮如上人は比叡山などからの武力弾圧を受けて、寛正六年（一四六五）、京都・東山大谷にあった本願寺は、破却されることとなります。その後、上人は難を避けて、各地を転々とされますが、結局、都の周辺で教化活動をするのは不可能であることを覚られ、文明三年（一四七一）「初夏上旬《ソカ》」吉崎へ来られましたが、御山の実地検分、工事の指示などされた後、加賀、越中の西寄を「經廻《ケイクワイ》」して、至る所に「講」を結成されたようです。爾来その地方の人々は上人の門徒となり、夫々《それぞれ》の地の坊主、年寄、乙名等の指導の下に、真宗の教義を学び、信心を語り合う寄合を、定期的に開いたであろうと私は想像します。そうでなければ、その年の「七月廿七日」に出来上がった吉崎御坊へ、忽ち幾千万とも知れぬ男女が群集するということは考えられないからです。つまり吉崎建立に先立つ、各地の講設立は、空前の大成功を収めたのです。

各々の在所の講に通った人々の中では、まだ蓮師に謁していない者の方がはるかに多数であったでしょう。従ってこのような優れた法を説く高僧を、一目でも拝顔したいと、満腔の期待を以て、吉崎が開かれるや、我も我もと押しかけて来たのです。

蓮師の方としては、これらの人々が、それまで在所々々で聴聞して来た佛法を、どれ程身につけたか知りたいと思ったし、重ねて彼自身直々に説法を行って、皆々信心決定の身となってくれることを願いました。

従って吉崎山上では、連日のように法座が持たれたでしょうが、中でも報恩講の七日間は、早朝から夕刻まで、連続して法座があり、言而《いわば》一年間の求道の総仕上げが為されたのではないかと思います。

初年の文明三年は、秋口になって御坊が完成したのですから、諸般の体制を調えるまでには至らず、御坊の受入れ側も、吉崎中溢れるばかりの群参に、驚嘆する方が先立って、その対処に戸惑ったとも思われます。

多屋内方《たやないほう》

御文の「奥書」は、「多屋内方へ　マイラせ候」と、はっきり名宛人を指定しています。今は残存している御文の総数が二百二十通程ありますが、その中で、このように宛先が明記されているものは、むしろ少ないのです。これは驚くべきことです。上人自身が「文《ふみ》」と言われたのを、お弟子や後世の人々が敬意を表して「御文《おふみ》」と呼んだのは申すまでもありませんが、「文」は今日の言葉では「手紙」です。それは当然、誰かに宛てて書かれるものです。ところが、蓮如上人の「御文」というのは、本来の意味とは違って、実は、「法話」なのです。そこで、このように、特定の人、或いは人々に宛てられた御文は、それだけに、その人々に対する、上人の深い思い入れがあると考えてよいと思います。

では、この「多屋内方」とは、どういう人々なのでしょう？――「多屋」を私は「古語辞典」や「歴史辞典」で探してみましたが、どれにもあまり詳しい解釈はしてありません。

文明五年八月二日に書かれた御文を見ると、

抑此兩三ヶ年の間に於て、或は宮方或は禪律の聖道等にいたるまで、申沙汰する次第は何事ぞといへば、所詮越前國加賀ざかひ長江瀬越の近所に細呂宜郷の内吉崎とやらんいひて、ひとつのそびへたる山あり。その頂上を引くづして屋敷となして、一閣を建立す、ときこへしが、幾程なくして打つゞき加賀越中越前の三ヶ國の内のかの門徒の面々よりあひて、他屋と號して、いらかをならべて家をつくりしほどに、今ははや一二百間の棟かずもありぬらんとぞおぼへけり。或は馬場大路をとほして、南大門北大門とて南北の其名あり。されば、此兩三ヶ國の内に於ておそらくはかゝる要害もよくおもしろき在所よもあらじ、とぞおぼへはんべり。さるほどに、此山中に經廻の道俗男女その數幾千万といふ事なし。（御文全篇二十四）

ここ二三年の間に、御所の方や、禅宗や律宗など聖道門の人達まで、噂し合っているのは何事かというと、つまりは、越前の国で、長江瀬越の近くの細呂宜《ほそろぎ》の郷《ごう》の中の吉崎とか言われる、一つのそびえた山があるが、その頂上を平にして宅地とし、一閣を建立した。—という話だったが、程なく加賀、越中、越前の三ヶ国在住のその寺の門徒達が寄り合って、他屋と称して、甍を並べて家を建てたが、今はもう一、二百軒もあるように思われる。或は馬場大路の両端に、南大門、北大門と名付けられた門がある。これら二、三ヶ国の中で、多分、このように要害でもあり、景色もよい在所は、まさかあるまいと思われる。そしてこの山の中を往来《いきき》している僧俗男女の数は幾千万とも知れない。

とあります。

「一閣」（閣　たかどの）とは、先に書きました「吉先御坊」と呼ばれるようになった蓮如上人のお寺のことです。このお寺（事実上、京から寺基を移した本願寺の本山ですが）の側《そば》に、「一二百間の」「他（多）屋」が並んで建てられた、と言うのです。「加賀越中越前の三ヶ国の内のかの門徒の面々よりあひ《い》て」とありますから、平たく言えば、門徒達が労力や資財を提供し合ったのでしょう。するど、この人々が御坊へ参詣する為の宿坊のことだと考えてよいようです。そのあとに、「馬場

『蓮如の「御文」』正誤表

頁	誤	正
20頁後から５行目	「吉先御坊」	「吉崎御坊」
45頁６行目	尋ねて	尋ねに
99頁10行目	往生ヲトケシ	往生ヲトケン
102頁後から６行目	己に（２箇所）	已に
同頁後から２行目	音から	昔から
134頁２行目	７　をもむき 面向き 赴き＝お　様子	７　をもむき（おもむき）面向き 趣き 様子
156頁７行目／158頁５行目	甲斐常治	甲斐敏光
171頁後から６行目	畳壁	土塁
172頁５行目	北両三ヶ国	此両三ヶ国
174頁最終行	問題にやなる	問題になる
187頁９行目	ぐんしゆう（群集のルビ）	くんじゆう
197頁10行目	男女の説法が	男女に称名念佛の声が
206頁７行目	紫築地	柴築地
221頁10行目	南門徒	両門徒
224頁11行目	未練は	未練とかは
同頁後から２行目	帰路の途	帰洛の途
239頁著者略歴中	安倍公房	安部公房

大路《おおみち》」「南大門《なん》北大門《ほく》」などとあるのを見ると、それまで無人であった山上が、町に変貌したことが分かります。更に読み続けると――「經廻《けいかい》の道俗男女《なんによ》その數幾千万…」まあ今日の表現で言えば、「銀ブラ」とでも言ったところでしょうか。大へんな賑わいです。こうなると、食物や衣類など生活物資も必要ですから、店舗も立ち並び、様々の業者も居を構えたに違いありません。受入れ側が戸惑ったかも知れないと私は申しましたが、ひょっとしたら、我も我もとつめかけて来た門徒大衆の方が、案外てきぱきと、事態を処理して行ったようにも思えます。驚嘆すべき集団のエネルギーです。しかも吉崎の町作りは、蓮如上人の来られた、文明三年のその年の中に行われたのです。北国では、冬は雪に閉じ込められて、殆ど仕事ができませんから、八月以降、ほんの三ヶ月程の期間のことです。何故こう確信をもって言えるかと申しますと、明くる文明四年の正月には、あまりの大勢の蝟《い》集に困られた上人が、御坊の門を閉じて、諸人の出入を禁止するという事態に立ち至っているからです。

そして、文明七年八月二十一日に、蓮如上人は吉崎を退去されて、後は忽ち火の消えたようになります。ほんの丸四年間のことです。その間に恐らく北陸一の大都会が出現して、消えました。他の古文書に、あまり吉崎の記述のないのは残念ですが、一般の関心を惹くにはあまりに期間が短かった為でしょう。まるで蜃気楼のような歴史現象だったのです。今吉崎の山上には、家一軒、建っていません。

この時代には、交通の便も悪く、殆どの人が徒歩の旅をしていたのは言うまでもありません。しかも都で一四六七年に始まった応仁の乱が、地方に波及して来た頃で、路次は危険極りない状況でした。第一この時代の人々は概《おおむね》生まれた土地で働いて一生を終えていたのであって、旅行をするなどというのは、特殊な身分の人々の、しかも特殊な場合に限られていたと思います。ですから群衆が大挙して、全く辺鄙なこの山へ、一時《どき》に押しかけたというのは、実に破天荒のことでした。そして蓮如上人が居られるということ以外に、吉崎の田舎には何一つ人目を惹く物はなかったのです。考えれば考える程、吉崎寺内町《じない》の出現は、私には不思議でなりません。

そもそも、蓮如上人は、比叡山の僧兵達の敵対行動から身を守る為、同じ天台宗の中でも、対立関係にある大津の三井寺の南別所内に避難しておられたのでしたが、遂に意を決して、吉崎移住を敢行されたのです。その時上人の御首《みしるし》が懸賞にかかっていたという説もあるくらいで、極めて危険な脱出行でした。それ故、家族は後に遺《のこ》し、目立たぬよう僅かの供を連れて出られたに違いありません。そうとすると、吉崎下向が、予《あらかじ》め現地の人々に大々的に報《し》らされてはいなかった筈です。

当時、越前、加賀、越中などには本願寺末寺が数ヶ寺ありました。浄土真宗で本願寺に属さない寺は、それよりずっと多かったのです。然しその両方を併せても、つまり親鸞聖人を宗祖と仰ぐ門徒の数は、僅《わずか》でありました。従って吉崎へ集まった人々というのは、蓮如上人がこの地へ来られて、右の三ヶ国を巡化《じゅんけ》して、講を作って廻られた間に、上人の御徳に靡いたのです。先に述べましたように、文明三年の初夏から、七月末までのほんの二、三ヶ月の間のことです。全く信じられないくらいです。日本国史上の一大奇跡ではありませんか。

いわばこの時、蓮如ブームが起こったのです。念佛の大合唱が北陸の天地に響き渡ったことでしょう。多屋のことから、話が少々走り過ぎたようですが、北陸ではどこの村へ行っても、蓮如上人の話で持ち切りだったに違いありません。誰もが阿弥陀如来の救いの教えを聞きたいと思ったでしょう。どの惣村《そうそん》でも、吉崎へ行って、蓮如さんにお目にかかりたいと話し合ったと思います。それで、竣工早々の御坊へどっと押しかけたのです。三ヶ国の惣や郷《ごう》は競い合って山上や山裾に多屋を建てたのです。誰もが、「吉崎へお詣りしたよ」「蓮如さんにお目にかかったよ」と言いたくなったのです。

言い遅れましたが、「内方《ないほう》」とは人妻の敬称です。ですから、「多屋内方」は、多屋主夫人です。恐らく地元では、「乙名《おとな》」とか「名主」とか、かなりの身分の出身でなければ、多屋の主にはなれなかったと思います。多屋内方になったと言えば、それは大きな名誉だったことでしょう。然しなったからには、「他力の教えが分からない」「浄土真宗の信心が決定していない」では済まされません。正に、これより三ヶ月前の御文には、こう述べられています。

そも〳〵吉崎の當山において他屋の坊主達の内方とならんひとは、まことに前世の宿縁あさからぬゆへとおもふべきことなり。それも後生を一大事とおもひ、信心も決定したらん身にとりてのうへのことなり。しかれば、内方とならんひと〴〵はあひかまへて信心をよく〳〵とらるべし。

（御文全篇二十八）

「多屋内方」の解説が、大へん長くなりましたが、右のような、その時期の、その場所の状況をよく頭に入れた上で、この御文の「こゝろ」を、何とか読み取るようにしたいと思います。

本御文の書かれた時・場所

宗祖親鸞聖人が約《およそ》三十年間、関東の地で弘められた浄土真宗の教は門弟達に引継がれて、各地に幾つかの教団が成立しました。然し聖人の曾孫覚如上人の建立にかかる本願寺は常に京都に留まりました。それ故蓮如上人が畿内を離れて、北陸の僻地に来られたについては、上人に余程の決意が必要だったに違いありません。幸いこのようにして、本願寺は瞬く間に大教団に成長したのですが、上人としては、ただ大勢の人々を集めるだけが目的だったのではありません。集まった人々が、心から阿弥陀佛の教に帰依する念佛行者になって欲しかったのです。

先にも述べましたように、この大快挙は、文明三年の後半の僅か半年で出来上がったのです。然しこれが、在地諸勢力の嫉視と警戒心を惹き起しました。

道俗男女いく千万といふかずをしらず群集せしむるあひだ、かの吉崎もたれ〴〵も今の時分しかるべからざる由申て、殊《ニ》両國の守護方のきこゑといひ、又平泉寺豊原其外諸山寺の内の硯學達も、さぞ上なしにおもひたまふらんと、朝夕のそのはゞかりあるによりて、當文明四年正月の時分より、諸人群集しかるべからざる由の成敗をくはへられしはそのかくれなし。これしかしながら、兩守護諸寺諸山をおもんぜし心中なり。

（御文全篇四十八）

僧俗の男女が、幾千万と数知れず集まって来るので、その吉崎の人も、その周りの人々も、今の御時世にはふさわしくないと申し、殊に両国の守護への聞こえも悪いし、また平泉寺、豊原寺、その他諸寺の学僧達も、どう考えても異常だと、お思いになるだろうと、日夜そのことが気がかりなので、この文明四年正月頃から、一般の参詣を断ると決定されたことは間違いがない。これはひとえに、両守護、諸寺、諸山を配慮した気遣いである。…

右の御文の一節は、仮定の第三者が、世間体を心配して語った言葉という体裁の文章です。「吉崎」は蓮如上人その人を指しています。

両国の守護

「両国の守護方」とあるのは、越前と加賀の守護のことです。これについて少しお話しなければなりません。

応仁の乱当初、越前の守護斯波義廉《しばよしかど》は、西軍の山名方で、その配下に守護代・朝倉孝景《たかかげ》、甲斐常治《つねはる》がいました。加賀は支配者が転々としますが、一応同じ西軍の富樫幸千代《こうちよ》が制覇していました。ところが東軍の細川勝元は稀代の策謀家で朝倉に守護職を約束して、富樫を自分の方へ寝返らせました。

これより先、都にあった蓮如上人は、長男順如師の奔走によって、将軍足利義政、管領細川等と親交を結んでおられました。お蔭で叡山の迫害に、幾分掣肘《せいちゅう》が加えられてはいましたが、その代りに、東軍寄りと見られ勝ちでありました。

この縁故によって、朝倉孝景の暗黙の了解を取り付け、吉崎御坊開創が可能となったわけです。

然し孝景は、国内の西軍の総帥・守護代甲斐常治と、文明三年以降、熾烈なる戦闘を交えねばならなくなり、吉崎の面する北潟の西端・蓮ヶ浦でも合戦がありました。このように、東西両軍が絶えず附近を通過するという物騒な状況下に御山は置かれたのです。

一方、弟幸千代に国を追われて都にあった富樫政親は、文明五年、東軍の後押《あとおし》で、帰国を計画します。文明五年十月三日付の別の御文（御文全篇三十六）に「牢人出帳の儀」という言葉が出て来ますが、この「牢人」とは政親のことで、京都の方へ亡命していたのを牢（浪）人と呼んだのでしょう。その彼が、実力で、いわば政権復帰を果そうとして来るので、「出帳（張）」と言ったわけで、これから一騒動持ち上がるぞ——とばかり、国許では慌てたわけです。

富樫兄弟は加賀一国の覇権をめぐって、干戈《かんか》を交えることになるわけですが、両者共、吉崎を味方に引き入れようと、このあと、誘いかけて来ることになります。北陸全土に東軍優勢を確かにする為に、越前の朝倉も、蓮如上人に友好を求めます。

「両国の守護方のきこゑ」と先に引用した文明五年十二月日付の御文にあるのは、従って、弾圧を受ける心配というのではなくて、反対に味方にされてしまう危険だったのです。無人の山だった吉崎が、一挙に、両国の支配を左右しかねない、一大社会勢力になっていたのです。

諸山寺

次に「諸山寺《やまでら》」とあるのは、諸山、諸寺の意味で当時の北陸一帯の由緒深い寺社のことで、平泉《へいせん》寺《じ》、豊原寺《とよはらじ》など、多くの僧兵を抱えた有力な「諸寺」がありました。また立山、白山《しらやま》などの「諸山」も、山岳信仰の場として、大きな勢力であったわけです。

こういう寺社の名は、御文にも度々現われ、上人が彼らを刺激しないよう、どれ程心を砕いておられたかが察せられます。ここに、「両国の守護へ訴訟すべき由云々」とあるからには、これら諸寺が守護達に対し、吉崎への武力行使を願い出たと考えられます。そして彼ら自身も、かなりの戦闘力を持っていました。

蓮如上人の吉崎時代にも、或る程度の軋轢《あつれき》はあったでしょうが、時代を下ると、一向一揆との間で、屢々《しばしば》戦端が開かれました。私は豊原寺跡を二、三回訪れましたが、今はすっかり深い森になっていて、当時の石垣が、どうにか見分けられる程度です。堂塔伽藍の立ち並んだ往時の様を、最早偲ぶ縁《よすが》もありません。結局は武力対決で滅び去ったのだと、私は感慨無量でした。

文明四、五年の蓮如上人

蓮如上人の脳裏には、この時、寛正六年の東山大谷の破却以来、六、七年間に亙って、間断なく繰返された比叡山衆徒の敵対行動が、悪夢のように蘇ったことでしょう。ああいう不祥事態を再び惹起《じゃっき》してはならない――そこで、文明四年正月早々、吉崎閉塞、諸人の出入禁止、という決断を下されたのです。

これは常人には、とてもできることではありません。我々なら、一人でも多くお寺へ参詣して欲しいとあれこれ思案するところなのに、遠路をしのいで、集まって来た門徒達を門前払いするなんて、全く思いもよらぬことではありませんか！　旧暦の正月といえば春です。北陸では雪解《ゆきどけ》が始まっていたでしょうか？　冬の間外へ出られないで、じりじりしていた人々が、さあこれから吉崎へお参りしよう、と思った矢先、「来てはならぬ」というお達しが出たのです。――その時の状況を想像してみて下さい。然し別の考え方をするなら、蓮如さんという人は、これだけみんなから慕われたのです。こんなに衆人の敬愛を受けた人物は、日本史上、他に例を見付けるのが難しいでしょう。

然し吉崎の閉門は、長くは続かなかったようです。右に引用した文明五年十二月の御文に、

雖然、其後道俗男女その成敗にかゝはらずして、かへりて申やうは、それ彌陀如來の本願はまさしく今の時のかゝる機をすくひたまふ要法なれば、諸人出入を停止あるときは、まことに彌陀如來の御慈悲にもふかくあひそむきたまふべき由を申す間、ちからなくそのまゝうちおかれつるなり。
（御文全篇四十八）

とあるように、「集まって来た人々は、このお達しを聞かないで、却って言うことには、弥陀如来の本願とは、正《まさ》しく、今の世の中の、このような人々を救い給うすぐれた佛法であるから、諸人の出入を禁止するということは、全く弥陀如来のお慈悲に反《そむ》くことになります――このように言うので、これに逆うわけにもいかず、そのままに放っておいた…」という有様でした。

然し同国の情勢は次第に緊迫して来ます。そこで文明五年になると、蓮如上人は、本願寺に縁故

の深い超勝寺に居を移したり、山中《やまなか》温泉に湯治に赴いたりした後、そのまま京都へ帰ってしまおうとされます。それについて御文を見ますと、

當年正月時分よりあながちに思案をめぐらす処に、牢人出帳の儀についてそのひまなく、或は要害或は造作なんどに日をおくり、すでに春もすぎ夏もさり、秋もはやさりぬる間、かくのごとく徒に日月をおくりなんとする事、誠に本意にあらざる間、先暫時と思て藤島辺へ上洛せしむる処に、多屋面々歸住すべき由しきりに申間、まづ歸坊せしめおはりぬ。（御文全篇三十六）

超勝寺

当年（＝文明五年）正月時分から、やたらに思案をめぐらしていたが、浪人出張という騒ぎで暇もなく、要害を造ったり、或いは建築をしたりするのにかかりきりで、何時の間にやら春も過ぎ、夏も去って、はや秋も終ってしまうというような次第で、こんな風に月日を送ろうなどというのは、全く本意ではないから、ひと先ず都の方へ向かって、藤島方面（＝超勝寺）へ行ったところ、多屋の人達が（吉崎へ）帰って下

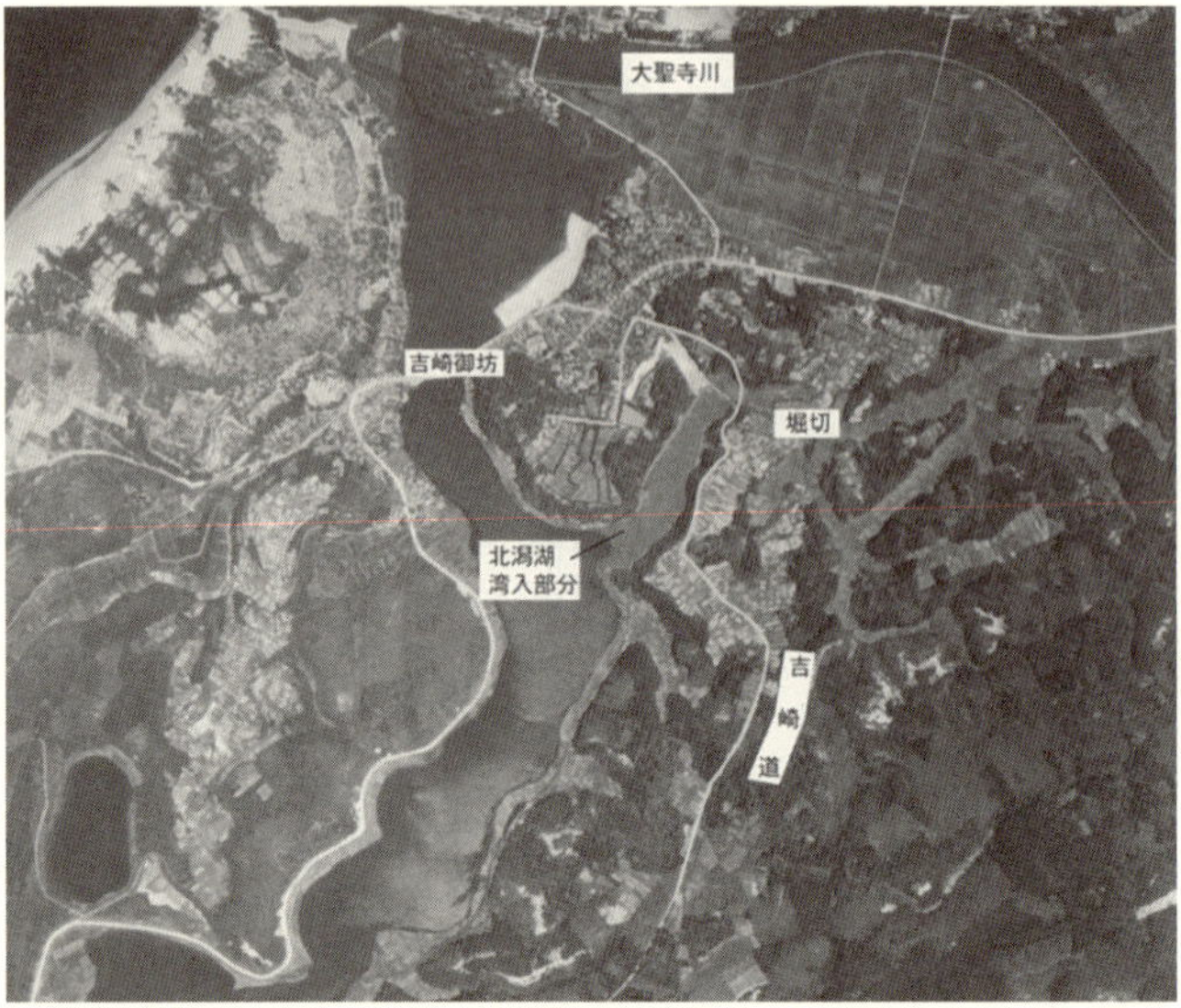

吉崎御坊の立地

さいとしきりに申すので、一応帰坊したのである。

――とあります。

文明五年十二月八日付の御文作製までの蓮如上人の吉崎の模様を、ここでもう一度ふり返って総括してみたいと思います。

文明三年初夏に、蓮師は吉崎に御坊建設の下準備をされた後、越前、加賀、及び越中西寄を旅して廻られた。この精力的な巡化のお蔭で、在所々々に講が結成されて、北陸全体は一挙に、いわば蓮如色に塗りつぶされかねない形勢となった。

そこで七月末に吉崎御坊が落成するや、御山は参詣者で、忽ち足の踏み場もないぐらいに犇《ひしめ》いた。然し同時にこの事態は、北陸の本来の大寺院、諸山に警戒心を目覚めさせた。

文明四年に入ると、蓮如上人はこれら旧佛教勢力の敵意を柔らげる為、門徒達の上山を禁止しようとされた。然し彼らの懇望黙《こんもうもだ》し難く、閉門を続けることはできなくなった。

文明五年には、浪人出張の噂で、隣国加賀は、不穏な空気に包まれる。戦乱の危険が予想され、右の文にある如く、不測の事態に備えて、吉崎の要塞化が進められた。尤も、越前の朝倉、甲斐の覇権争いは已《すで》に始まっていたので、臨戦態勢の企画・立案を、前年から多屋衆の決定で決められていたでしょう。然し、此の年に入って、いっそう工事に拍車がかけられたに違いありません。

吉崎は、北潟に突き出た円形の山で、敵襲を防ぐのに恰好の地形でした。山上からは、右手に大聖寺川、正面に鹿島、左手に浜坂の松が、そしてその中間に、日本海も望めます。今日では北潟の埋立が進んで、陸地が拡がってしまいましたが、往時は根元の括《くび》れた半島形だったので、その箇所に堀を穿《うが》って、御山全体が水で守られるようになっていたと伝えられています。急坂に「七曲り」の道を作って、その先に船着場を設け、水上の補給・連絡も可能にされました。

こんなことに春から秋まで没頭しなければならなくなったことに、蓮如上人は甚だ不本意でした。かと言って、一、二百軒もある多屋に、寝起きしている門徒達を、無防備の状態にしておくわけには行きません。ただ、上人はこの地へ教化布教の為に来られたのです。決して戦をする為ではなかったのです。ところが吉崎の繁栄を妬む他の宗旨の人々が、幸千代《こうちよ》の陣営に加わろうとしているという噂なども立ったのでしょう。一方、京都で嘗《かつ》て親交のあった管領細川勝元も、越前の朝倉孝景も何とか蓮如上人を味方に引き込もうと考えている様子です。それに、越前や加賀などで、真宗でも本願寺以外の流派の人々と、蓮如上人を奉ずる人々との間に軋轢を生じることもあったりして、吉崎には、次第に緊張した空気が昂《たかま》って来たようです。

事実、翌文明六年には、加賀で、政親と幸千代が干戈《かんか》を交えることになり、本願寺の門徒も、結局は政親方に加担するのです。世に有名な一向一揆がこれです。従ってこの頃、次第に吉崎も臨戦態勢に入り、戦意も昂揚し始めていました。

吉崎閉門や、藤島退去は、この不祥事態を避ける為の、上人の精一杯の努力だったのです。好戦気分を抑え、何とかすべての人々が信心獲得《ぎゃくとく》の為に専念するようにと、上人は心を砕かれたのです。


抑去文明弟三之暦林鐘上旬候より當年までは、すでに三ヶ年之間、当山に堪忍せしむる志、偏に後生菩提の爲にして、さらに名聞利養をのぞまず、又榮花榮耀をも事とせず、たゞ、越前加賀多屋坊主當流の安心をもて先とせられず、未決定にして不信なる間、坊主一人の心得のとほりよく信心決定し給はゞ、そのすえ〴〵門徒までもこと〴〵く今度の一大事往生をとげなば、まことにもて自信教人信の釋義にも叶ひ、又聖人報恩謝徳にもなりなんと思によりて、今日まで堪忍令するものなり。殊に此方といふ事は、冬來れば、誠に山ふく風もはげしくして、又海邊にうつ浪の音までもたかくして、空にはとき〴〵いかづちなりて、大雪なんどにふりこめられたる躰たらく、誠にもて身勞なり。此等次第更以ならはぬすまゐをするによりて、本病のおゐ物なんどもいたくおこりて、迷惑至極なり。雖然、本懐のごとく面々各々の信心も堅固ならば、それをなぐさみとも思ふべきに、その信心のかたはしか〳〵ともなき間、此方に今日までの堪忍所詮なきによりて、當年正月時分よりあながちに思案をめぐらす處に、牢人出帳の儀についてそのひまなく、或は要害或は造作なんどに日をおくり、すでに春もすぎ夏もさり、秋もはやさりぬる間、かくのごとく徒に日月をおくりなんとする事、誠に本意にあらざる間、先暫時と思て藤間辺へ上洛せしむる処に、多屋面々歸住すべき由しきりに申間、まづ歸坊せしめおはりぬ。しかるに如今、冬の路次中難義なるうへ、命をかぎりに心ならずに當年中も可㆓越年㆒歟之処に、程なくはや聖人之御正忌もちかづく間、又當年も此方において報恩謝徳の御いとなみをいたすべき歟之間、まことに北國に兩三ヶ年之間機縁ふかくして、諸人と一同に無二の御勤をいたすべき條、眞實々々不可思議也。可貴可喜矣。

これは今度藤嶋よりかへりてのち、心にうかむとをりかきしるすものなり。

文明第五十月三日　（御文全篇三十六）

去る文明三年六月上旬頃から今年まで、已に三年間、この山に我慢して留まっているわけは、偏《ひとえ》に後生菩提の為で、全く名聞利養も望まず、又栄華栄耀を事ともしないのである。ただ越前、加賀の国許や、多屋の僧侶達は当流（真宗）の安心を第一義と心得ず、信心は決定《けつじょう》せず、不信心であるから、愚老（私）一人の心得の如く、よく信心を決定して下さり、彼らの下にある門徒もみな残らず、この度の一大事である往生を遂げるようになれば、全くのところ、「自信教人信」という釈論の趣旨にも叶い、また宗祖聖人への報恩謝徳にもなるだろうと思うからこそ、今日まで辛抱して来たのだ。

それにこのあたりでは、冬が来れば、山を吹く風も実に激しく、また海辺を打つ浪の音も高く、空には時々雷が鳴って、大雪に降り込められたりする有様で、ほんとうに苦労する。こんなわけで、一向になれない暮しをするものだから、持病のおいものなんかも、しきりに起こって、迷惑至極である。然しながら、かねてからの願いの如く、各々方の信心も堅固ならば、それをなぐさみとも思うのだが、その信心の方は、しっかりとはしていないのだから、ここに今日まで我慢していたかいがないので、当年正月時分から、ずっと思案をめぐらしていたが、浪人出張という騒ぎで暇もなく、要害を造ったり、或いは建築をしたりするのにかかりきりで、何時の間にやら春も過ぎ、夏も去って、はや秋も終ってしまうというような次第で、こんな風に月日を送ろうなどというのは、全く本意ではないから、ひと先ず都の方へ向かって、藤島方面（＝超勝寺）へ行ったところ、多屋の人達が、（吉崎へ）帰って下さいとしきりに申すので、一応帰坊したのである。けれども、今のように冬となっては、道を歩くのも難儀であるし、命ある限りと思って、不本意ながら、今年も年を越そうかと考えていたところ、程なくはや聖人の御正忌（報恩講）も近付いたし、また今年もこちらで報恩謝徳のお勤めをしようかと思う。たしかに御縁が深いもので、北国に二、三年も滞在することとなったが、皆と一緒に、一所懸命お勤めをしよう。本当に本当に不思議である。貴いことだ、喜ぶべきことだ。

以上、今度藤島から帰った後、心に浮かぶ通りを書いたのである。

文明五年十月三日

この御文を読むと、当時の状況が手に取るように分かるでしょう、周囲の事態も、また蓮如上人の心の動きも。大きな喜びと、深い苦悩が、この稀代の高僧の内心で綾をなして、躍動し、動揺していました。然し後から考えると、吉崎時代の四年間が、上人の生涯にとって最も充実した期間だったと考えてよいのではないでしょうか？　畿内の一部だけで、少しばかり名を知られていたのみの一僧侶を、今では日本国中の人々が、一度でも拝眉の栄に浴したいと、吉崎へ押しかけて来そうな形勢です。然しその人気が、他の宗旨の寺社や守護地頭達の反感や警戒心を触発して、武力弾圧の標的となりかねない危険を孕んで来ています。吉崎の命運は、今やその頂点にある蓮如上人の舵取如何にかかっているのです。

その翌年の一向一揆は、幸い大勝利を博します。後世の人々は、戦いのあったことも、それに勝ったことも至極当り前のように考えています。けれども嵐の後の静けさの如く、何事も一旦終ってしまえば、別に何もなかったかの如く感じられるものです。

そこで蓮如上人の最初に取られた決断が、吉崎閉門です。何という思い切った処置でしょう。本願寺の隆盛は上人十五歳の年以来の夢だったと言われています。文明三年には五十七歳でした。昔は「人生五十年」と言って、常識的にはもう寿命が来ていたというところです。その時になって、夢が当《まさ》に実現したのです。布教の爆発的成功です。それをいきなり中断しようなんて！

更に翌々年の文明五年には、吉崎を捨てて畿内へ帰ってしまおうとされます。蓮如上人の事蹟を研究していて、右の御文や、その他の文献で、山中や藤島への上人退去の事実を知った時、私は腰を抜かさんばかりに驚きました。上人生涯の夢が現実となった時点で、つまり、誕生したばかりの大教団を、放擲して、都へ帰ろうとは！

比叡山の重圧を逃れて、北陸へ来られて、まだ二年しか経っていないではありませんか。畿内では、ようやく教化が緒《ちょ》に付いた途端に、衆徒の攻撃を受けて、退去を余儀なくされ、そのようにして、各地を転々として、中々教団を形成することができなかった――それでこういう繰返しの無駄を覚《さと》って、北陸の天地に活路を求められたのではなかったでしょうか？　それを今、業半ばにして帰洛されれば、また同じことの反覆になりはしますまいか？　――上人には、充分それが分かっていました。文明四、五年は、上人は殆ど毎日のように去就に迷って、煩悶されたと思います。周囲の形勢は、始終猫の目のように変わって、右に述べたように、単純なものではなかったのは言うまでもありません。

「もし私がこの地を去れば、諸寺諸山も、武家の者達も、本願寺の門徒達に仇をしなくなるのではないか？」――そこで文明五年に蓮師は帰洛計画を立てられたのでしょう。「然し上人不在となれば、それこそ敵の思う壺で、彼らは直ぐにでも吉崎へ攻めて来るでしょう」――上人を藤島へお迎えに来た多屋の人達と上人との間に、恐らくこんな会話があったのでは、と私は推測するのです。

「門徒の為にも、私は吉崎に留まらなければならないかも知れぬ。来年以降のことは兎も角、今は迎えの者達と一緒に帰るとしよう。」

右の十月三日の御文は、このような状況と心境のもとで書かれたのです。誠に惚れ惚れとするばかりに、上人の偽らざる胸中が吐露されているではありませんか！

一旦留まると決心したからには、要塞化しても吉崎を守らねばならぬ――幾千万の門徒を率いる頼もしい姿が読み取れます。已《すで》に老境に入った上人の、一同に向けられた慈父の如き眼差も感じられます。然し「おゐ物」に苦しめられたり、雷など自然の厳しさにぶつぶつ愚痴を繰返すあたり、何となく可愛らしいという気持も起こります。蓮師のことを権謀術数に長《た》けた策士のように評する人もあります。成程そういう一面もないとは言えません。然しこの御文では、上人は全く率直に、赤裸々な本心を表現しておられます。私はこの数行に、散文詩の美しさを認めます。

ここに一貫して流れているのは、皆一同に何とか早く信心決定してもらいたいという願いです。そしてこの気持を、上人は一生抱き続けました。

然し多屋の面々や、周囲の人々の気遣いは、迫り来る危機を前に、どうやって教団を守り通すかということでした。吉崎に起居する人々にとって、男女を問わず、その気持は同じだったでしょう。但し、もし戦いとなれば、真先に敵と対峙しなければならない、壮丁の子や孫を持つ女性の惟《おも》いは、他の人々とは違った切実さがあったと思います。

そこで、今回勉強しようと思っている、二帖目第一通原典に話を戻しまして、

在家《サイケ》ノコトニ

身《ミ》ハ世路《セイロ》ニツケ又《マタ》子孫《シソン》ナントノ事《コト》ニ

ヨソヘテモ　タ、　今生《コムシヤウ》ニ　ノミ　フケリテ

殊に（僧侶の身分でない）在家の人々は、渡世稼業のことや、子や孫などのことについても、（要するに）ただこの世の問題ばかりに心を奪われて……

とあるのは、第一線に参加するかも知れない子息の身を案ずる母親の心情を慮《おもんぱか》られたものかと想像します。

尤もこういう懸念は、母親だけが抱いているわけではなかったでしょう。加賀の国が、そして隣国も巻き込むかも知れない擾乱に、吉崎の多屋の人々も、その周囲の住民達も、すっかり怯え切っていたに違いありません。蓮如上人は、そういう民心を充分に理解されつつも、何とか皆の気持を、佛法の方へ向けたいと努力されたのだと思います。

段　落

五帖御文二帖目第一通のこの御文を学ぶに当たって、これがどのような状況の下で書かれたのかを、予《あらかじ》め研究して、よく留意しておく必要があると思いましたので、今まで長々とお話しして来たわけです。

蓮如上人の四年間の北陸滞在を、私は二期に分けて、初め二年半を、吉崎教団形成期、後の一年

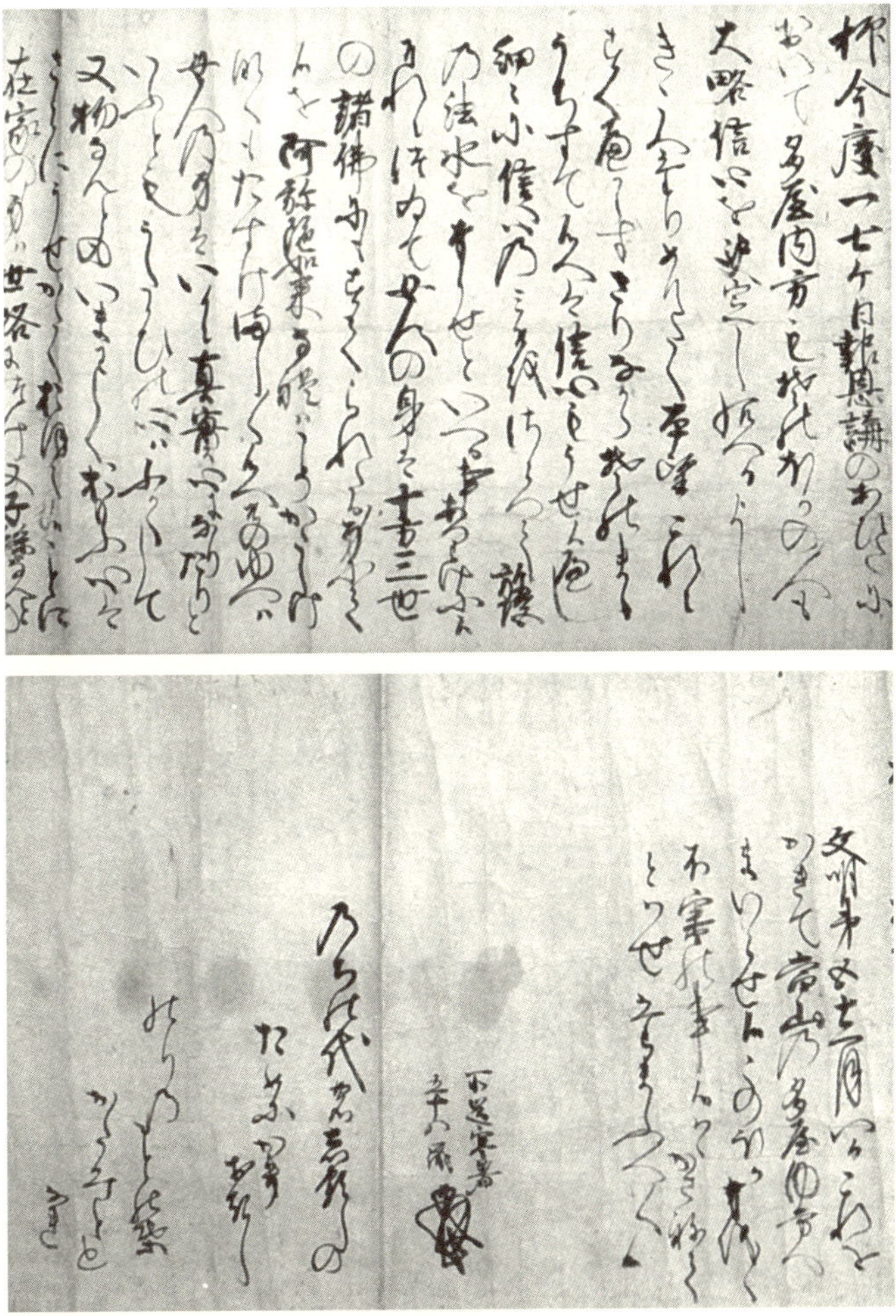

多屋内方の御文（専光寺蔵）

半を確立期とでも呼ぼうと思います。初期の二年半に、それ以前の上人の法主としての在任期間十四年を加えて、これを蓮如教団形成期と見るならば、以後は教団が厳然《げん》とその存在を天下に示すこととなったと考えてよいでしょう。文明六年以降は、社会的にも、日本佛教史上でも、浄土真宗乃至本願寺の確立は、もはや動かし難いものとなっています。

文明五年の暮に書かれた本御文は、その意味で、蓮如上人を取巻く歴史の転換期を示す証言の一つと言えるのではないでしょうか？　従ってこの著述の文学的、聖教的《しょうぎょうてき》重要性を、充分考慮すべきであると思います。

領解《りょうげ》の手始めとして、先ず段落に区分してみましょう。

御文講義の習慣として、初めの部分を「正文《しょうもん》」、一段下げて書かれた部分を「添書《そえがき》」、更に一段下げた最後の数行を「奥書《おくがき》」と呼んでいるようです。正文は宗意、即ち教義を、そして添書は上人の定められた掟を書いています。

この日、文明五年十二月八日、多屋内方が、他の参詣者達に混じって、御坊の蓮如上人の許へ御恐悦に出たのだと御文の講和などに解説されていますが、多分その通りだったと私も思います。そこで、上人の御法話があり、終ってから、一同がそのお話を御文にしていただきたいと願い出たのではないでしょうか？

正　文

呈示部　　御文の正文部分では、初めに一同の信心決定を喜びつつも、今後の懈怠《けたい》を戒《いまし》める――八行目の「アリ　ケ《げ》ニ　候」とあるのを、御文の宛先と趣旨を明らかにした、呈示部とでも名付けましょう。

展開部

続いて、信心を語る展開部と言うべき内容が四十一行目の「申ス　ナリ」までと考えられます。

前段

その中、二十三行目まで、信心を決定することの必要性、言い換えれば、未安心の様を述べている部分を、前段としましょう。

初め、十一行目までは、阿弥陀如来のみが女人を助けましますとし（前節）、その後は、疑の心を捨てて、真宗に帰する必要を説き（十五行目まで、中節）、十五行目、「コトニ在家ノ」以降は、今生のみにふけってはならないと戒めています。

中段

二十三行目の下の方、「コレニ　ヨリテ」から三十六行目までを中段とします。ここに信心を得るべき道が説かれています。

その中の初めの部分の三十二行目までは、他の信仰を捨てて、弥陀一佛に帰することを教え、後の四行は、信心は、実は弥陀如来が我々に起こさせたものだと述べています。

後段

三十六行目の下の「又」から四十一行目「申スナリ」までは、展開部後段とも言うべく、信心の利益が記《しる》されています。

終結部

それから後は、信後の念佛は御恩報謝であるという結語になっていて、一応終結部と名付けましょう。

添書

添書は、「掟」ということになっていますが、信を得た者は、やたらそれを見せびら

- 正文
  - 呈示部（信心決定）
    - 前節（本望）　(1)……………(4)コレニスクヘカラス
    - 後節（戒め）　(5)サリナカラ……(8)アリケニ候
  - 展開部
    - 前段（信心の必要）
      - 前節（弥陀の助け）　(8)ソレニツイテ…(11)マシ〳〵候へ
      - 中節（疑の心）　(11)ソノユヘハ……(15)オホエ　候
      - 後節（今生にふける）　(15)コトニ在家……(23)ヲロカナリ
    - 中段（その方途）
      - 前節
        - 弥陀一佛
        - 機法一体
        - (23)コレニヨリテ…(32)心ヲモツヘシ
      - 後節（他力本願）　(33)サテコノ………(36)人トハイフナリ
    - 後段（その利益）
      - （信心の利益）　(36)又コノクラキ…(41)申スナリ
  - 終結部
    - （報恩の念佛）　(41)カクノコトク…(45)…
- 添書
  - 前段（掟）　(46)コレニツイテ…(53)ヲロカニスヘカラス
  - 後段（よき信心の行者）　(54)カクノコトク…(58)…

内……外

かせてはならぬ。それどころか、他の神佛を疎かにするようなことがあってはならぬと五十三行目までに定め、信心の行者は、信、行ともに正しくなければならぬと結んでいます。

文意

正文

呈示部

此度の七日間の報恩講の間に、多屋主管者の夫人達も、その他の人々も、大方《おおかた》信心を決定《けつじょう》されたように聞いています。此の上なくめでたく、私も本望であります。けれども、そのまま放置しておくと、信心もなくなってしまうでしょう。「屢々《しばしば》信心の溝を浚えて、弥陀の法水を流せ」と言われていますが、確かにその通りです。

展開部 前段

阿弥陀如来なればこそ、（徳なくして）十方三世の諸佛にも捨てられた女人の身を、勿体なくも、お助けになるのです。

女人はどんなに真実心になったといっても、心は疑い深く、また物忌をする気持は、一向なくならないように思われます。

殊に（僧侶の身分でない）在家の人々は、渡世稼業のことや子や孫などのことについても、（要するに）ただこの世の問題ばかりに心を奪われて、人間界が老少不定のはかない世界であるのが、はっきり目に見えていながら、今にも三塗八難に沈んで行くことを、全く気にかけず、徒らに（月日を）明かし暮している。世間一般の人々はこんな風である。何とも浅ましい限りです。

中段

だから我々は、一心に一向《ひたすら》に弥陀一佛の悲願にすがり、深く信頼申し上げて、様々の雑行を修行しようと考えず、また諸神諸佛にこびへつらう気持もみな捨てて、「本願は、弥陀如来が、私達のような浅間しい女性の為にお立てになったもので、本当に佛智の不思議だなあ」と信じて、「私は悪くつまらない者である」と思い詰めて、深く如来にすがる心を持つべきです。

後段

次にこの信ずる心が、弥陀如来のおはからいによって起こったものであると思いなさい。このように心得た人を、他力の信心を得た人と言うのです。

このような信心に達した状態を、「正定聚に住す」とも、「滅度に至る」とも、「等正覚に至る」とも、「弥勒に等し」とも言います。或いはまた、「一念発起《ほっき》の往生定まる」とも言います。

終結部

こういう風に心ができた後の称名念佛は、弥陀如来が、我々の往生をたやすく決めて下さったことへの喜びの故の、またその御恩に報いる為の念佛なのだと考えるべきものです。

添　書

そこで言っておきたいのですが、当流の掟をよく守るのが、何よりも肝心です。掟というのは、右に示した通りの信心を心得られたならば、必ずそれを心の奥に深く収めておいて、他宗・他人に対し、当流の信者らしく見えるようには振舞わず、また信心のこ

とを、語ってはいけないということです。どんな神様も、自分は信じないというだけで
あって、疎かにしてはなりません。
このように、信心の面も、行動の面も、正しい人のことを、（親鸞）聖人も、「よく信心を心得た行者」と仰言《おっしゃ》いました。どうか強く佛法に心を向けて下さい。
文明五年十二月八日、これを書いて、当山多屋の夫人達に送ります。これ以外にまだ不審の点があれば、重ねて尋ねていらっしゃい。

年月を送る事五十八歳　印

後の代《よ》のよりどころとなるように書いておくこの佛法の話が
どうか私の形見となってくれるように

語　彙

難しい言葉が、ここにはかなり沢山ありますが、それに一つ一つ当っていると、時間がかかり過ぎるでしょうから、意味が概《おおむね》察しのつくものについては、厳密な検討を、またの機会に譲ることとし、今回は特に耳慣れない言葉の並んでいる展開部後段に限って考えてみましょう。

正定聚　梵語でニヤタラーシ niyata-rāṣi
①決定された群れ、決定的な人々。ニルヴァーナにおいて正しく決っている人々。②覚《さとり》まで退転なく進んでやまぬ菩薩に仲間入りすること。③浄土真宗で、阿弥陀佛に救われて、正しく

佛になると定まった人々。すなわち、第十八願によって誓われ、他力念佛を信ずる人。
〈佛教語大辞典〉

滅度　①ニルヴァーナ nirvāṇa　さとり。度は（彼岸に）わたるの意。②生老病死などの肉体的な大きなわずらいが永久になくなって、欲・有・見・無明の四つの流を渡り越えることを言う。③釈尊が亡くなること。佛滅、入滅。

等正覚《トウシヤウガク》　佛のすぐ次の位、即、次生。佛になれる位。佛を第五十二位とすれば第五十一位である。弥勒菩薩がこの位におられる。

旧訳の経では佛のことに用いられている。その時は平等に正しく覚った人という意味。新訳では正しく覚った佛に等しい位という意味で、その「等しい」とは「似ている」また「殆ど同じ」という意味。

今は「無量寿如来会」から出た名であるから新訳の用い方。

信心の人は次生必ず成佛するから、此位にいたると云はるゝ。〈御文章講話・杉紫朗〉

①正しいさとり。佛の境地。一切平等のさとり。samyak-saṃbodhi ②正しくさとった人。③佛の十号の一つ。④真宗に於ては、信心獲得の念佛者は、現世に正定聚不退転の境地に住し、次の世に阿弥陀佛の報土に往生して直ちに成佛するが故に、現世の正定聚の境地を弥勒に等しいと称し、等正覚と名付ける。〈佛教語大辞典〉

一念発起　①一念発起菩提心の略。発菩提心のこと。佛に帰命する一念を起こし、菩提（さとり）に向かう心を起こすこと。②信心をひとたび起こすこと。信の一念。〈佛教語大辞典〉

真宗では阿弥陀佛の救済を信ずる一念の初めて起こることをいふ。如来会に「能発一念」と出で、般舟讃に「発起無上信心」とあり。〈眞宗辭典・河野法雲〉

注意すべき表現

〔呈示部〕

この御文では、この他に注意すべき言葉や言い廻しが幾つかあります。それ等について考えてみたいと思います。

大　略

三行目に出て来る「大略」という言葉ですが、「おおかた」「たいてい」と「新明解古語辞典」などにも訳がつけられていて、意味は今日も全く変っていません。然しここでは、一体何が大略なのでしょうか？

これについて、古来、講者は、「約人」「約法」「推知」の三通りの解釈が成り立つと指摘して来ました。

多屋内方の中で、大方の人達、例えば十人中七、八人までは信心が決定したという意味に取るのが「約人」です。つまり「大略」を人に掛けて解釈したのです。

次に、大方信心のことは分ったようだが、まだ一人々々の身についていないが、まあ、佛法が凡そ分ったようであるとして、約法と名付けたのです。

最後に、「推知」とは、内方達が、多分信心を得たらしい、いわば作者の気持の中で、「大略」なのです。

それでは、蓮如上人は、どういうつもりで「大略」と言われたのでしょうか？ 講者によって、約人説の人も、約法説の人も、推知説の人もあります。また自説を明らかにしない人もあります。この年の報恩講が終って、信心を決定した人も、決定しなかった人もあったと私は考えます。ですから、約人という見方は成り立つでしょう。然し約法ということも言えるのではないでしょうか？ 大体人間が信仰を得たか、得ていないかは、どういうところで判定できるのでしょう？ 当人がそう思い込んでいても、傍《はた》からは自惚《うぬぼれ》に過ぎないと思われることがあります。逆に、この人こそは信心の人と誰もが考えても、当人は中々信心が得られないと歎いている場合もありましょう。それでは、自他共に認めれば、その信仰は確かでしょうか？ いえ、それでもそれは、本来至らぬ人間達の判断に過ぎません。信心はどこまでも佛の御意に叶っているかどうかの問題で、それを知るのは大へん難しいことです。そこで佛法に合致しているか否か、つまり約法、とせねばならないのではないでしょうか？

最後に「推知」という考え方ですが、これは私には認められません。蓮如上人は、門徒一人々々の心の問題には、常に気配りをして来られました。単に近従の人達の話などを本《もと》に、多屋内方達は、多分信心を得たのであろうというような方ではありませんでした。

尤も推知論者も、古来の講者の中にはあります。それは、「大略」の語の直ぐ下に、「ヨシキコエタリ」とあるので、一応そうも見えるでしょう。「由聞えたり」は、「……と言われている」「……と聞かされている」で、何かの人の話に基づいているという感がします。

ヨシ　キコエ　タリ

「御文章來意鈔」という講本を見ますと、松永道林寺（松長の慶順）、福田の乗念寺という二人の僧侶が、文明五年の報恩講の時、多屋内方の信心決定を、蓮如上人に奏上したとしています。右のような報告を、上人がお聞きになった時、上人は二人に向かって、「お前達は、よくもそのようなことを言えたものだ。誰しも、各々の妻子ほど可愛いものはないのに、今までどうして真剣に、妻子の教化に勤めなかったのだ。それは銘々が、とび立つような喜びを、信心を得たことに感じなかったという証拠ではないか！」とお叱りになった。二人の多屋の主は、この仰せに感激して、上人の許を辞したということです。

この記述は、どこまで信憑性があるか知りませんが、この二人の人物の存在したことは間違いありません。帖外御文（御文全篇四十六、四十七）にもこの名が見えます。上人の上足の弟子であったのは確かですが、右の説では、内方達の信心を教導する役目を与えられていたように考えられます。御文の方から察するに、二人とも、それぞれ多屋の一つの主であったように考えられます。

右の両御文を読むと、慶順と乗念は、両名とも、年の暮、つまり、多屋内方の御文が書かれてから数日後に、相次いで病没しています。各々二十二歳と六十歳です。——一体何があったのでしょう？　それはたまたまの不幸続きということかも知れませんが、一つ想像されるのは、当時、吉崎に集まった人々の間には、教化する側にも、教化を受ける側にも、非常に真摯な求道《ぐどう》の心構えがあったろうということです。二人は、上人の説法を聞き、それを皆に伝える繁忙な日々の過労で、病死したのかも知れないでしょう。勿論、それだけではなく、別の御文に述べられているように、この年一年間を通じて、吉崎は防衛態勢を固めるのに、忙殺されていたのです。本当に敵の襲来があった時には、どうやって御山を守るべきか、また、各々が責任を持っている多屋の人々の身の安全をどうするのか、心身ともに苦労は大きかったに違いありません。——今はもうすっかり忘れ去られた様々なドラマが、この御文の書かれた蔭にあったことを考慮に入れておく必要があると思います。

吉崎参詣は「道俗男女いく千万といふかずをしらず」と御文にありますが、（尤も幾千万は多過ぎるので、幾千、幾万、という風になら理解できそうです）これだけの人数を、勿論蓮如さん一人では掌握不可能です。ですから、特定の人々、多分多屋単位で、その主人、その他の何人かが、教化や生活全般の指導に当てられたのではないかと想像します。

そして、こういうことは、上人が巡化された越前、加賀、越中などで次々に結成された講に於ても、多分同様のことが取決められ、上人はそれぞれの講や道場や多屋の責任者達から、折にふれて、そこに集まる人々の状勢を、教化の面も含めて、報告を受けておられたように見受けられるのです。

それらの報告に基づいて、上人は、その度に懇切丁寧な指示を与えられたと思います。

そこで、先程の慶順と乗念のことと考え合わせると、上人はこういう、いわば教化担当者の言葉によって、多屋内方達が、信心を決定したようだと考えられたのでしょうか？

然しこれは、御文作者一流の常々のポーズとでも言うべきもので、上人は大抵のことに平静無関心を装っています。また功なり名とげて、いわば栄光の中に大往生されたことから、後世の人々は、蓮師をいわゆる雲の上の人と考えるようになってしまいました。蓮師の人物像は、今日、実状と相当かけ離れたものとなっています。

多屋の主管者などの責任者達からの報告を上人は確かに受けていたでしょう。然しそれは飽くまで、傍証という程度のもので、彼自らの眼で、門徒一人々々の信心のありように、何時も注意を払っておられたに違いありません。

蓮如上人の子息や弟子達によって書き留められた、上人の言行録が、幾つか今日に伝えられていますが、それらを通読すると、上人が、彼の許に集まった人々を、どれ程熱心に、直接指導されたかを知ることができます。それについて、例証を挙げてお話すればよいのでしょうが、今はその暇《いとま》がありませんので、別の機会に改めてしたいと思います。

吉崎の多屋の人々にも、上人は一人々々、直々の説法をなさったと私は考えています。内方達についても、当然信心を決定した者も、まだそこに到達していない者もあることは、お見通しだったのです。けれども、上奏者にも、内方にも、それぞれの立場を立てて、メデ《で》タク本望であると、祝辞を述べられたのが、この御文なのです。

文明五年の報恩講を過ぎて十日目、五間四面の本坊にぎっしり並んだ二百余人の内方と、それに対する蓮如上人との間には、不思議な感応道交があったでしょう。張りつめたその場面を想像してみて下さい。

信心モ　ウセ……

「信心もなくなるでしょう」というのですが、二行前に、「信心ヲ　決定シ云々」とあるのに、可笑しいなと感じるでしょう。

古《いにしえ》の講者も、多くこの点を論じ、『御文記事珠』『冠註御文』その他、概《おおむね》二様の考え方ができるとしています。

その一つは、信心そのものがなくなるのではなくて、日々の暮しに追われたりして、佛法を怠り勝ちになり、信心を得たことの喜びが薄らいで来るのを戒めているのだとしています。

親鸞聖人の正信偈に、

譬《ハ》如《シ》下日光《ノ》覆《ハレルトモ》二雲霧《ニ》一　雲霧之下《シタ》明《ニシテ》　無《キカ》中闇《キ》上

(たとえば、日光の、雲霧《うんむ》におおわれるとも、雲霧の下、あきらかにして、くらきなきが如し)

(阿弥陀如来の摂取の光は、常に照らしているとは言うものの、それは)たとえば、日光が時折雲や霧におおわれるように、見えなくなることがある。それでも、雲や霧の下は、明るくて暗《くら》闇《やみ》にはならない（そのように、佛の救済を信じる者は、その光に守られているのである）。

という対句がありますが、『記事珠』や『御文明灯鈔』の著者はこれを引合いに出して、以上のことを解釈していいます。つまり信心の失《う》せるとは、太陽が雲に隠れて見えなくなっても、雲の向うに存在し続けるように無《な》くなったのではないと言うのです。

もう一つの理解の仕方は、信心と思っていたものがなくなったのです。言い換えれば、「信心ヲ決定シ　給ヘル云々」の信心は、もともと本物ではなかった、というわけで、そうとすると、随分手厳しいことになりますね。

前者は、大略を「約人」とする考え方の人に多く、後者を取ると、「約法」の見方に通じますね。

信心ノ　ミソ《ぞ》ヲ　サラヘ

この一句にも、二通りの解釈が可能です。言うまでもなく、信心を溝に譬えた表現ですが、落葉が溜まれば、水流は淀むであろうと、『明灯鈔』などは述べています。そして、

落葉ツモル木葉ハ《ば》カリノヨト《ど》ミニテ
　セカレヌ水ノ下ニ流ル、

という万葉集の古歌などを引用しています。これは落葉が積もって、水が淀んでしまったようだが、

流れを堰き止めてしまうことはできず、葉の下を水は流れる—即ち、信心はなくなってしまったようには見えるが、やはり弥陀の法水は流れていると言わんとするのでしょう。

蓮師は信心の溝の譬《たとえ》を、『六波羅蜜経』とか、『往生要集』とか、西山派の堯恵《ぎょうえ》という人の『礼讃私集鈔』とかによって、立てられたのであろうと『明灯鈔』や『記事珠』の講者などが推測しています。そしてこれら諸典が、浄土真宗以外の聖教《しょうぎょう》なので、「アリケ《げ》ニ候」と、文末に表現を暈《ぼか》されたというのです。この考え方ですと、多屋内方達が信心を得たものとして、今後も聞法《もんぼう》を怠らないようにとのお諭《さと》しですから、やはり「大略」を「約人」とする見方に繋がることになります。

もう一つの解釈では、「内方達は信心決定したと聞かされたが、まだまだ本物でない気がする。従って、これからよく聴聞して、信心を得るようにしなさい」と蓮師は仰《おっしゃ》りたいのだ、ということになります。この場合、土を新たに削って、溝を掘るのだとせねばなりませんが、「浚《さら》える」には、本来そういう意味はないようで、少し苦しい解釈でしょう。尤も、先に挙げた経釈《きょうしゃく》では、新規に溝を掘削するという意味に取れなくもありません。

……アリ　ケ《げ》ニ　候

呈示部の終りは、こう結ばれていますが、「ありげ」は古語辞典に、「ありそう」となっています。現在も、少々古風な言い廻しとして、この言葉が忘れられたわけではありません。古くは源氏物語などにも用いられた模様です。ですから、「「信心の溝を浚えよ」という教訓があるようだ」と解釈できます。然し、「げに」という副詞も、文語にはあったでしょう。漢字を宛てると、「実《げ》に」です。

これも、源氏物語や、その他の古典に多く現われます。

「他人のことばに賛意を表すのにいう語。ほんとうに。全く。」と、「新明解古語辞典」に註釈されています。

そこで、「……と言へる事あり。げに候。」と読むことも可能だと思うのです。――「古来、信心の溝を浚えよ、という教訓がある。ほんとうにそうだ。」と、この箇所のニュアンスが、少々異なります。――私はむしろこういう読方《よみかた》をしたいです。これには、感動の心持が入っています。上人と内方達が、顔を見合せて、頷き合っている光景が、目に浮かぶのです。

講者の人々には、こういう説は見当たりません。やはり「ありげに、候」と一般的には読まれているようです。

〔展開部〕

真實心ニ　ナリタリ　ト　イフ　トモ

最後に、この句をどう理解するかですが、真実心になったのに、疑いの心が深い、とは腑に落ちないですね。これについても、今まで多くの講者が議論を重ねて来ました。

親鸞聖人に、『悲歎述懐和讃』という作がありますが、その最初の和讃は、

浄土真宗に帰すれども

真実の心《しむ》はありがたし
虚仮《こけ》不実のわが身にて
清浄《しやうじやう》の心《しむ》もさらになし

というのです。改めて現代語の文に書き直すまでもないと思いますが、「虚仮不実」は外面と内心とに相違があり、つまり、表裏があって、誠実でない、ということで、浄土真宗の信仰に入ったけれども、誠実な心も、清らかな心も持つようになったわけではない—信仰を得ても、世間的に見て、それは必ずしも善良な人間になったことを意味しないのです。

そこで、本御文、十二行目の「真実心」を、『悲歎述懐和讃』の「真実の心」に擬して、これは信仰上の真実心、つまり「真実信心」を特に意味するものではなくて、倫理的な誠実さを表わしているのだと解する人々があります。

然し、一方で、やはりこれは信仰の世界での問題である、つまり真実の信心なのだとする人々もあります。

『明灯鈔』や『冠註御文』は、右の両論を紹介しています。

次に、「イフトモ」ですが、これには、口に出して「言う」意味はなく、単なる否定であるという解釈があります。漢字を使うなら、「雖《いえども》」です。従って、「どんなに真実心になったとしても……」と理解するのです。

この立場に立つ人は、「真実心」を、道徳上の問題と取る講者の中にも、信仰の問題とする講者の中にもあります。

然し『明灯鈔』や『冠註御文』の著者は、イフトモは、雖《いえども》とは違うと主張します。それですと、「真実心になったと、女人自身は（口に出して）言っているけれども」となります。

少々くだくだしく感じられるかも知れませんが、以上のことを組み合わせると、四通りの意見が講者の人々の間にあったとすることができます。

一　どんなに誠実な人間になったとしても、疑い深い気持は残っていて…
二　どんなに正しい信仰を得ても、疑い深い気持は残っていて…
三　どんなに誠実な人間になったと、口で言っていても、物を疑う気持はなくならず…
四　どんなに正しい信仰を得たと、告白したとしても、中々疑いの気持は消えないもので…

ところで、十二行目の「真実心」についてですが、これが「真実信心」となっている異本が幾つか存在します。そうである以上、蓮如上人は飽くまで信心を問題とされたのであって、『悲歎述懐和讃』の「真実の心」などを、念頭におかれたのではないと、確信できます。従って組合せの一と三は、除外してよいと思います。

それでは、二についてですが、「真実心」とは「実は、自力の心が残っている、つまり不完全な信心である、だから、疑いの心が起こるのだ」とする講者と、「真実心」である以上、勿論他力の信心であるとする講者とがあります。私は後者の方の説に倣います。蓮師が完全でない信心を、真実心と名付けられる筈はありませんから。

そこで、どちらかと言えば、私は四の解釈が正しいのではないかという気がします。即ち、「真実信心を得ました」とはっきり口に出して告白したのに対し、上人は、果して口と心が一致しているかどうか、態度を保留なさったような形だと思います。

尤も心から信心を得たと思っていても、それが果して真実信心であるかどうかは、また別問題であります。

更に視点を変えるなら、この「イフ」主体が、女人自身であるとも言い切れません。この文は主語がはっきりしないので、多屋主などの伝奏《てんそう》係が、彼ら自身の判断で、上人にそのようにお伝えしたのかも知れないでしょう。要するに、この文の意義を、厳密に規定するのは、中々難しいことです。

内方・女人・在家・ッ子《ね》ノ人

本御文のように、名宛人の特定されているのは、むしろ例外的であると既に申しました。ところが、展開部前段になって、主語が「女人」と変わっています。「抑々女性とは…」と女性全般論になったわけで、これには大した差し障りはないでしょう。

然し前段後節になって、今度は「在家ノ身」が対象になっています。これは出家に対する厳密な用語ではなくて、僧侶でない身分の人々ということでしょう。女性は全て在家と考えてよいので、新たに俗人男子が、これに加えられたことになります。

更に二十二行目には、「ツ子《ね》ノ人」となっています。この言葉の概念規定は定かではありませんが、結局僧侶の身分も、これに含まれて、対象が全ての人間になってしまった感があります。

讃　嘆

矛盾概念

御文の五帖目第十五通では、作品理解の鍵になるような、幾つかの言葉に注目するよう、皆さんに奨めました。これら複数の鍵語の、交互反復使用が、綾になって、御文全体が一つの織物に織り上げられたように見えるのです。

二帖目第一通では、これと少々趣《おもむき》が違って、複数の単語または表現が、今度は、反復ではなく、次々に交互に現れて、それぞれ二様の意味を含みつつ、受け継がれて行っています。恰も垂れ下がった二本の葛《つづら》のようです。

先ず「大略」という副詞が出て、この解釈の仕方に我々は戸惑いますが、「約人」「約法」どちらとも、判定しかねます。

同じ行に「ヨシキコエタリ」とあって、本御文の主題たる「信心決定」が、内方達直接の信心披瀝ではないかとの印象を与え、いっそう暈されてしまっています。

六行目にある「信心モウせ候ヘシ」は、「信心決定」の反対概念のように感ぜられます。

すぐその後の「信心ノミソヲサラヘ《ぞ》《え》……」で、読者は迷路に踏み込んだような気持になります。ここで、信心「決定」と「ウせ」たとの外見の矛盾を調節できるのかどうか、考えなければならなくなります。これは少し広く眺めて、呈示部の前節と後節との矛盾でもあります。

この矛盾概念は、展開部前段へも持越されて、「真実心」と、「ウタカヒ《がい》ノ心」の背反が見られます。簡単に言えば、それは「信心」か「不信心」かという問題ですが、蓮如上人は、多屋の内方達が信心を得たと見られたのか、得ていないと見られたのか、どちらでしょう？　一種の謎解きをさせられているような気がしないでもありません。尤もその信心と言っても、人によって、浅深強弱、様々の差異があり、また同一人物についても、前進、後退、その時々の違いがありましょう。

蓮如上人は、衆生教化に、全身全霊を打ち込まれましたから、吉崎一、二百軒の内方達についても、一人々々の心の中を、常に注意深く見守っておられたに違いありません。そして茲《ここ》に、各人各様の信心の姿を眺めつつも、その人々全体に通じるような一通の御文を認《したた》められた――そこで、このように謎めいた内容となったのでしょう。

とは言いながら、信心は結局、決定するかしないかの、どちらかでしかあり得ません。そして、その為の説法は、上人にとって、相手次第で内容を変えることはされなかったと思います。それには、一旦最悪の状態から、説き始める必要があると、上人は考えられたのではないでしょうか？　それが展開部前段の後節です。

「イタツ《ず》ラニアカシクラス」などという一条を見ますと、初めの大略信心決定が一体どうなったのかと、首を傾げてしまうでしょう。然しここでは、「在家」とか、「ツ子《ね》ノ人」とか、対象が何時の間にか、代えられてしまっています。

右の事柄を表にしてみました。

矛盾概念

（約人）信心決定――前節　真実心

・・・大略　ヨシキコエタリ　ミソヲサラヘ・・・

（約法）信心モウセ――後節　ウタカヒ

各宛先

このように、呈示部、及び展開部前段を通じて、意味内容に於て矛盾するような概念が幾つか見られるのですが、名宛先についても、判然としない点があることは、既に「注意すべき表現」の項で、少し触れました。

冒頭に「多屋内方」とあり、奥書に「当山ノ多屋内方へ　マイラせ」となっているのですが、途中「女人」「在家」「ツ子《ね》ノ人」と、話題の主が代って行くのが、納得しにくいところです。そして、文明五年の報恩講のお浚《さら》いの意味で、その十日後の十二月八日に出された御文なのですが、末尾に添えられた和歌を見て下さい――ノチノ代ノシルシノタメニ　カキヲキシ……？

この日、吉崎御坊で、蓮師と相対している内方達への「コトノ葉」ではなかったのでしょうか？


外見上明らかに矛盾した表現の中に、蓮如上人の複雑な胸中を、拝察しなければならないと、私は思います。

上人としては、今、目の前に控えている一、二百人の多屋内方達が、「大略　信心ヲ決定シた」ことは、確かに嬉しいのです。「さぞ本望であろう」と、一座の者に仰言られると同時に、「蓮如も本望である」と感じておられるのです。これ以前、畿内での十数年間、布教の成果は大いに挙ったものの、叡山の衆徒に追い廻されて、殆ど席の温まる暇《いとま》はなかったのです。此の度は、堅固な要塞に守られた寺内町の人々を集めて、兎にも角にも妨害のない場所で、未だ曾てなかった盛大な報恩講が開かれたのです。女人往生を説く上人にとって、内方達こそは、吉崎全寺内町の中核でなければならない人達なのです。その人々が殆ど皆信心を得たのに、上人は充分満足し、安心されました。この言葉は、従って、お世辞でも、気休めでもない、蓮如上人の確信であったと私は感じます。

それでは何故、このように二通りの意味を感じさせる表現があるのでしょう？

前に引用した別の御文にもありましたように、上人はこの年の秋のうちに、吉崎を後にして、上洛するつもりでおられたのです。ところが一同の懇請によって、一旦戻ってみると、今度は雪に降り込められて、再び旅に出るわけには行かなくなりました。その為、「不可思議」の御縁で、此の度の三度目の報恩講が、吉崎で営まれることになりました。

事によったら、次の春には、また上洛を考えるかも知れない――これはお互いの脳中にあったことでしょう。だから今度の報恩講が、最後の法座とならないとも限らない。「よく聞いて欲しい。」「心して拝聴致しましょう。」

ですから、こゝでの「お湊い」には大へん深い意味があるのです。それで、奥書六十一、二行目の

コノホカナヲ〳〵不審ノ事候ハヽ《ば》、カサ子《ね》テトハせ　タマへ

という念押しの重みを、よく味わって下さい。

これについて、私は、釈尊入滅の時のアーナンダのことを連想するのです。彼は釈尊の従弟ですが、インド国内の諸々方々を説法して廻られた間、何時も付き従った上足の弟子でもありました。

佛陀釈尊は、八十歳でブッダガヤという所で亡くなられますが、その時、佛陀はアーナンダに向かい、

「私の今まで教えて来たことについて疑問があれば、何でも遠慮なく言うように」とおっしゃい

ました。然し、他のことを考えていたアーナンダはただ黙っていました。

暫く経って、佛陀は同じことを仰せられましたが、その時も彼はぼんやりしていました。

「私には死期が近付いている。今のうちに聞きたいことを充分聞いておきなさい。後になって悔いても仕方がないからね」、三度、佛陀は口を開きました。

それでも、弟子の方はただ放心して、口を噤《つぐ》んだままでした。間もなく釈尊は涅槃に入るべく体を横たえられました。

その時になって、アーナンダは急に我に返り、

「涅槃にお入り下さいますな。弟子の私共には、まだまだ教えて頂かなければならないことが、沢山残っています」と釈尊の袖に縋って泣き叫びました。けれども、時すでに遅く、病のあらたまった釈尊は、臨終を迎えられたのです。


私も時たま経験するのですが、――話を聞いていて、ひどく感銘を受けて、その間は何べんも心の中で頷いていたのに、後で人から
「どんな話だった？」

と尋ねられると、はたと返答に困ってしまうということがあります。筋道を立てて、聞いて来た話の概要を繰り返すことができないのです。

「兎に角、良い話だった」――では、どうにもならないでしょう。

蓮如上人のお話を聴聞した多屋内方達にも、幾分そんなところがあったのではないでしょうか。

確かに今回は大略信心決定だったでしょう。けれども、もし上人が居られなくなったら……釈尊に取り縋って泣くアーナンダのようになってはいけないのです。――これは笑い事ではありません。四十五年に亙る師の巡化の旅に、常随していた彼でさえ、なお多く聞き漏らしていたことに気付いたのですから。

文明五年と言えば、蓮師五十九歳です。当時の常識では、既に寿命を過ぎていたことは前にも申しました。たとえ上洛しなくとも、この人々と何れ別れる時が来る、という惟いが上人にあったのでしょう

ノチノ代ノ……カタミ　トモ　ナレ

多屋内方の御文と呼ばれるこの二帖目第一通は、蓮如上人の遺言状とも思えるのです。

定立・反定立

これに対して、展開部中段以降は、互いに反対の、と言うか、対立するテーゼ（定立）が立てられて、説法が進められています。但し論理自体には、全然矛盾はなく、極めて明快です。信仰は、何よりも純一でなければなりません。「一心一向」「一佛」と畳み重ねられた一の字が、複数を表わす「雑行」「諸神諸佛」と、中段前節で美しく対比されています。

二十七行目下の「サテ……」以後の、前節後半は、どうにも救い難い（アサマシキ、ワロキ）我

ラ（二十八行目）、「我身」（三十一行目）の「帰入」（三十二行目）すべき、弥陀如来の「佛智」（三十行目）を説いています。我と佛とが、交代して表現されるこの五行は、信心に至る苦悩と喜悦の葛藤を如実に示していると感じます。これは機の深信《じんしん》と法の深信という二種深信の説を立てた善導大師（六一三・六八一）によったもので、浄土真宗の教えの重要命題の一つです。

展開部中段後節には、対立概念はありません。むしろこれ以前の事柄に対するアンティテーゼ（反定立）と考えられます。人間誰しも、成年期に達する頃、人生に種々の疑問を持ち、煩悶することが多いものです。苦しい魂の遍歴の後ようやく一条の光明を見出します。自分自身を克服したのだ、と内心に喜びの叫びを上げます。――ところが、それと同時に、これは自分の力で到達した救いではなかった。この心の救いは、弥陀如来の方から「ヲコサシ」め給うのだと、はたと気付くのだ――というのが、三十三行目から三十六行目までの中段後節の趣旨です。

これが真宗で説く「他力本願」です。他力とは阿弥陀佛です。つまり、願《ねがい》は自分にあったのではなくて、佛の方《かた》にあったのです。

ここまでのところも、前と同じように図示してみましょう（上図）。

総　結

平生耳慣れない言葉の意味と解釈の難しい語句や表現について、考えて来ましたが、これから、作品全体の流れを見極めて行きたいと思います。

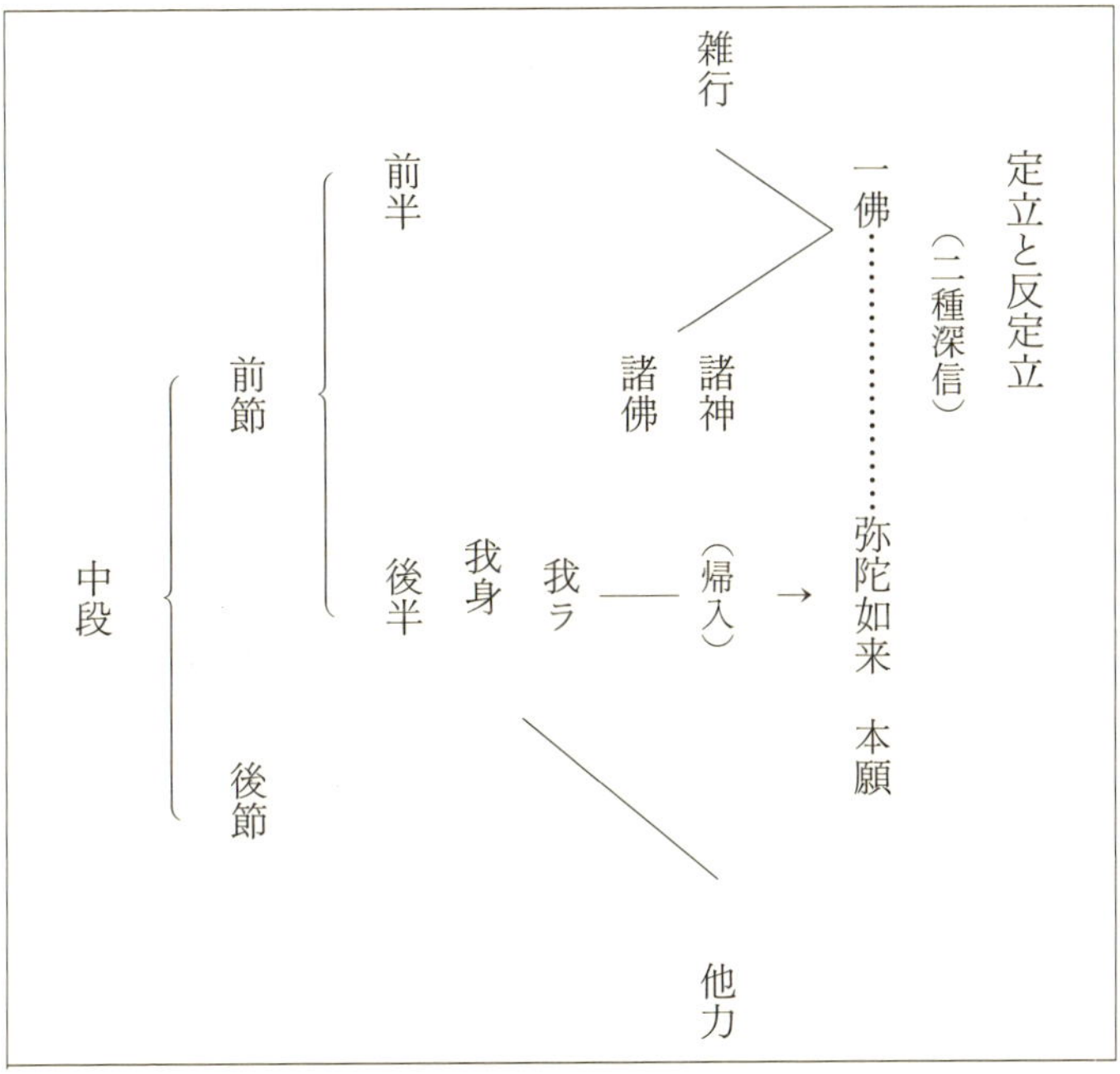

この御文は、宛先が示されているので、本来の意味での手紙と考えてよいと既に申しましたが、冒頭に、多屋内方の信心決定をめでたいと述べていて、一応慶祝文の類《たぐい》とすべきでしょうか？そして、呈示部の前半は祝辞、後半は、今後の心構えを勧めたものです。

然し八行目以降、展開部に入ると、やはり他の御文と同じような佛法の話となり、信心の勧進と、信者としてのあるべき姿を説いています。その論理の進め方は、大抵の御文に共通する一定の形式を備えていますが、私はこれを例えば、山登りに比較して考えたらどうかと思います。

前段の三節では、諸佛には見捨てられて、ただ阿弥陀如来一佛にしか救われる道がないにも拘らず、そんなことには無頓着で、物忌をしてみたり、俗世間の生活、つまり、日々の暮しや、子供や孫の世話などにかかわり合い、明日をも知れぬ命であることを一向気にする様子もない――佛法とは程遠い状態が語られています。登山に譬えれば、まだ山の麓にいるといったところでしょう。

中段では、心機一転、雑行を捨て、諸神諸佛を拝んだりする気持を捨てて、阿弥陀如来に帰依する。その時弥陀の真実《まこと》の願によって、他力のおはからいで自分が救われたということに気付くのだ。――登山で言えば、山道を登って行くのに当てはまるでしょうか。

そして後段は正定聚、滅度、等正覚、という喜ばしい位に到達した自覚です。これは登山を果して、頂上から四方を眺める清々しい気持と言えるでしょう。

終結部は、その後の、すっかり安心した報恩の毎日を表わしています。山登りに比較すると楽しく快い下山の道程でしょう、鼻歌でも歌いながら。

念佛を鼻歌と言っては、顰蹙《ひんしゅく》を買う恐れもありましょうが、「御恩ヲ報じるウレシサノ声」が称名なのです。

四十六行目以降の添書は、帰宅して、登山服を普段着と着換えてくつろぐ様です。以前と変わらぬ日常生活に戻るのです。自分は○○山の登頂を果して来たのだぞ、などと決して自慢話をしてはなりません。もはや信仰する気持はなくなったとはいうものの、慢心から諸神諸佛を疎かにするようなことがあってはならないのです。

オキテ

「添書」という名称は後世の人が付けた名に過ぎませんが、御文の中には、「オキテ」（掟）のみを記した、（つまり正文のようになっている）ものもあります。

ところで、この「オキテ」ということが、真宗学者や蓮如上人研究者の間で、大へん問題になっています。特に「他宗他人ニ對シテソノフルマヒヲミせス《ず》」というようなのを、虚偽の態度であるとして、非難する人が少なくありません。当時の政治権力などに対して膝を屈した、或いは、彼らを欺こうとした、要するに状況主義だとするのです。あたかも、それが狡猾な、潔《いさぎ》よくないことであり、更には上人の信仰が純粋でないかのように考えるのです。

佛教では古来、戒律ということが非常にやかましく言われて来ました。戒はサンスクリットでsila シラです。律は vinaya ヴィナヤで他律的な規範を意味します。この考えは釈尊の下に成立した原始教団に於て既にあったようで、教団の秩序維持には規範が必要となったので、逐次その条項が整備されて行き、違反の際の罰則まで規定されるようになりました。これが律で、戒はこれを内心から自発的に守ろうとするものです。

また、戒定慧《かいじょうえ》という熟語もあります。定は、「深い瞑想」「三昧」で、慧は真実なる智慧を意味します。以上の三つを「三学」とも言い、佛道修行者の必ず修学実践すべき根本の事柄です。〈以上、『佛教語大辞典』『漢訳対照梵和大辞典』等参照〉

本来、佛法ではこのような修行を重ねて、釈尊と同じ覚の境地に達することを目指すのです。然しこれを成就するのは並大抵のことではありません。そこで阿弥陀佛の本願にすがって、往生浄土の救いを得ようという浄土門の教が生まれたのです。我々凡夫には、とても力の及ばない佛道修行を難行《なんぎょう》として、これを諦め、ひたすら他力救済を信じる易行《いぎょう》の道が開かれたのです。

浄土門の教は、已《すで》にインドで生まれ、大陸を東漸して日本に渡来しました。そして長い年月を経た後、鎌倉初期の親鸞聖人に至って大成したとされています。歎異抄にもあるように、我々凡夫は「いづれの行もおよびがたき身」であるが、「弥陀の本願には……たゞ信心を要とす」即ち、信心だけで救われるという、一途な教法となりました。

従って、戒定慧は不要となったと言えます。正に佛教史上の一大革命であります。全く純粋で自由な教と言うことができます。

宗祖聖人の弟子達は、関東各地に教団を作りました。更にその弟子達は、北陸・東海道方面にも教を弘めました。どんどん小教団に分裂して行ったわけです。中には他宗の信仰を取入れた流派も生まれました。純粋性を求めた筈が、かえって雑然とし、自由である為に、教が混乱し始めたのです。然し小教団乱立の状態では、それ程の不都合は感ぜられなかったのかも知れません。禅宗や日蓮宗が繁栄し、同じ浄土門の中でも、時宗などが大いに流行し、一方で平安時代以前の諸寺、諸山が厳然と存在していた中で、浄土真宗の伝播は遅々として進まない有様でした。つまり日本佛教の少数派だったのです。

この時、蓮如上人が現れ、真宗教団は俄《にわか》に活気を帯びて来ました。上人の巡化の先々で、畿内にも北陸にも、信心の集りである講が、雨後の筍のように誕生しました。郷や惣村では、住民挙げて真宗に帰依しました。本願寺門徒の爆発的増加は、先にもお話ししましたように、文明年間の吉崎御坊建立でその頂点に達したのです。郷や惣村単位に結成された門徒集団は、知らぬ間に、越前、加賀の守護達が、競って自らの陣営に引入れようとする程の一大政治勢力に成長していました。

蓮如上人の唯一の関心事は、勿論、信仰を弘めることに外なりませんでした。然し、地方自治体的存在である郷、惣村の、ひとりでに組織された大集合体を教導して行くとなると、社会への対応という大きな課題が、出て来たのです。

これは予測できなかったことでした。まあ、嬉しい悲鳴とでも言うか——然しそれどころではなかったかも知れません。急いで吉崎御坊の門を閉めたり、密《ひそか》に京へ戻ろうとされたりしたのですから。

宗祖以来の各地の小教団で、数十人、せいぜい百数十人の門徒が、一箇所に集まって、法座を開いていた状態では、大した問題は起り得ませんでした。尤も、法然、親鸞両上人の流罪となった承元の法難（一二〇七）以来、政治権力、旧佛教諸宗などの弾圧は何度かありました。けれども、それらは一応一過性のものだったと言えます。

ところが、此度は、乙名、年寄というような有力な在地勢力に率いられた数十或は数百の惣村や郷の全住民が、蓮如上人の門徒となったのです。守護・地頭や大寺社も、軽々に手出しするわけには行きません。

つまり、それまで少数派だった本願寺門徒が、多数派となったわけです。この劇的転換は、吉崎布教によって、一挙に達成されました。然し武力弾圧に武力で対抗するのは、何とか避けたかった。

こういう状況の下で、蓮如上人は「オキテ」を案出されたのです。火急の必要に迫られておられたのです。門徒達が、無信仰であったり、他の宗旨に属したりしている人々と、要するに、広い世間で、どう暮らして行くべきか——この重要課題への回答を、ここに上人は示されたのでした。

よく考えてみれば、これは何時の世でも、人間として、社会に生きて行く以上、心すべきことではなかったでしょうか？　信心を得たと思って、急に自分が偉くなったと錯覚し、周りの人々を見《み》下《くだ》すようなことは、堅く慎むべきです。真宗門徒が、少数派であった時代でも、これは同じように大事だった筈です。

蓮如上人は、緊急事態で、掟を作られたように先に述べましたが、実は浄土真宗成立以来の教義の欠落部分を、ここに補完されたのです。後世の人々が、この重要性に気付かず、これを等閑に付し、特に現代、これを誹謗する人さえ現れたのは、慨嘆に耐えません。

そこで本御文について、「オキテ」の部分を、それ以前を「正文」と名付けるのに対して、「添書」と呼んでいます。私も一応、古来の講者の名称を用いましたが、内容としては、単に添えられたものではありません。「正文」と「添書」と併せて、本文とすべきです。添書の方が、一字下げて書かれているからと言って、苟《いやしく》も値打の低い物と考えるべきではありません。正文、添書、両方を通じて、一貫した蓮師の教説が展開されているのです。一人の人間の、未安心の時期から、信仰に入り、信者としての生活を送る、つまり全生涯を通じての指南であります。

一帖目第八通　吉崎建立の章

第一節　経過

第一項

1 文明《フンメイ》　弟三《タイサム》　初夏《ソカ》　上旬《シヤウシユン》ノ　コロ　ヨリ　江州《カウシウ》

2 志賀郡《シカノコホリ》　大津《オホツ》　三井寺《ミ井テラノ》　南別所《ミナミヘチシヨ》　邊《ヘン》　ヨリ

3 ナニト　ナク　不圖《フト》　シノヒ　イテ、　越前《エチせン》　加賀《カカ》

4 諸所《シヨシヨ》ヲ　經廻《ケイクワイ》　せシメ　ヲハリヌ　ヨテ　當國《タウコク》

5 細呂宜郷《ホソロキノカウノ》　内《ウチ》　吉崎《ヨシサキ》ト　イフ　コノ　在所《サイシヨ》　スク

6 レテ　オモシロキ　アヒタ

第二項

年來《子ンライ》　虎狼《コラウ》ノ

7 スミ　ナレシ　コノ　山中《サムチウ》ヲ　ヒキ　タイラケテ

8 七月廿七日《シチクワチニシウシチニチ》　ヨリ　カタノ　コトク　一宇《井チウ》ヲ

9 建立《コンリウ》　シテ

第三項

昨日《キノフ》　今日《ケフ》　ト　スキ　ユク　ホトニ

10 ハヤ　三年《サム子ン》ノ　春秋《シユンシウ》ハ　ヲクリ　ケリ　サル

11 ホトニ　道俗《タウソク》　男女《ナムニヨ》　群集《クンシフ》　セシム

第二節　布告

ト　イヘトモ

12 サラニ　ナニヘン　トモ　ナキ　躰《テイ》　ナル　アヒタ

13 當年《タウ子ン》　ヨリ　諸人《シヨニン》ノ　出入《シユチニフ》ヲ　ト、ムル

コ、ロハ

事由

第一文　根元

14 コノ　在所《サイシヨ》ニ　居住《キヨチユ》　セシムル　根元《コンクヱン》ハ　ナニ　コト　ソ

15 ナレハ

第二文　佛法ニアフ

ソモ〱　人界《ニンカイ》ノ　生《シヤウ》ヲ　ウケテ　アヒ

16 カタキ　佛法《フチホフ》ニ　ステニ　アヘル　身《ミ》カ　イタツラニ

17 ムナシク　捺落《ナラク》ニ　シツマン　ハ　マコトニ　モテ

18 アサマシキ　コト　ニハ　アラス　ヤ

第三文　往生

シカル　アヒタ

19 念佛《子ムフチ》ノ　信心《シンシム》ヲ　決定《クヱチチヤウ》シテ　極樂《コクラク》ノ　往生《ワウシヤウ》

20 ヲ　トケン　ト　オモハ　サラン　ヒト〱　ハ　ナニシニ

21 コノ　在所《サイショ》ヘ　來集《ライシフ》　せン

第四文　成敗

22 ヨシノ　成敗《せイハイ》ヲ　クハヘ　ヲハリヌ

（コノ　在所《サイショ》ヘ　來集《ライシフ》　せン）コト　カナウ　ヘカラ　サル

声明

第一文　名利・菩提

コレ　ヒトヘニ

23 名聞利養《ミヤウモンリヤウ》ヲ　本《ホン》ト　せス　タ、　後生菩提《コシヤウホタイ》ヲ

24 コト、スル　カ　ユヘ　ナリ

シカレハ　見聞《ケンモン》ノ　諸人《ショニン》

第二文　偏執

25 偏執《ヘンシフ》ヲ　ナス　コト　ナカレ　アナカシコ〱

文明五年　九月　日

五帖御文の中の一帖目第八通を、これから熟読して行こうと思います。文明五年九月の作で、先回学んで来ました二帖目第一通は、同じ年の十二月八日に書かれましたから、それに約三ヶ月先立っています。更に二年前に建てられた吉崎御坊のことが述べられているので、本通は、「吉崎建立の章」と、古来呼び習わされています。

耳慣れない言葉が文中に点在していますが、固有名詞の方は後廻しにして、その外の語彙を幾つか拾って検討してみましょう。

一　語　彙

1　初夏《ソカ》　今はショカと発音する。夏の初めのことだが、陰暦四月の異称でもある。「孟夏」なども言う。〈岩波古語辞典〉

3　不圖《フト》　何の用意も前ぶれもなく行動をおこすさま〈岩波古語辞典〉

4　經廻《ケイクワイ》　めぐり歩くこと〈御文章講話・杉紫朗〉

6　オモシロキ　風景の佳なるを言う〈御文章講話・杉紫朗〉

12　ナニヘントモナキ　何篇「篇」は篇目の意。なにの題目。どういう目的

なにへんとも無し　取り立てていうほどのものでない。何のかいもない。何のとりえもない。
（用例に当御文が引用されている）〈岩波古語辞典〉

22 成敗《セイバイ》　(1)勝と負と。事の成ると成らぬと。(2)《善を助成し悪を敗る……》政事を執り行うこと。(3)とりはからい。(4)さばくこと。裁決。(5)処刑すること〈岩波古語辞典〉

23 名聞利養《ミヤウモンリヤウ》　名の廣く聞ゆる名誉と、利を得て身を養う利益とである。略して名利と云ふ〈御文章講話・杉紫朗〉

23 本　根本、本旨〈岩波古語辞典〉

23 後生菩提《ゴシヤウボダイ》　後世の生に浄土に往生して佛果菩提を成ずること〈御文章講話・杉紫朗〉
覚 bodhi これを得ることによって佛となる〈梵和大辞典・荻原雲来〉

25 偏執　(1)一つの考えや説などに偏屈なまでにとらわれること。片意地。(2)ねたむこと。そねむこと〈岩波古語辞典〉

では、本通を現代語風に書きます。

二　文意

文明三年四月上旬頃、近江国志賀郡大津の三井寺の南別所辺《あたり》から、何となく、ふと思い立って、あまり人目につかないよう旅に出て、越前、加賀のあちこちを歩き廻った。そうすると、この国

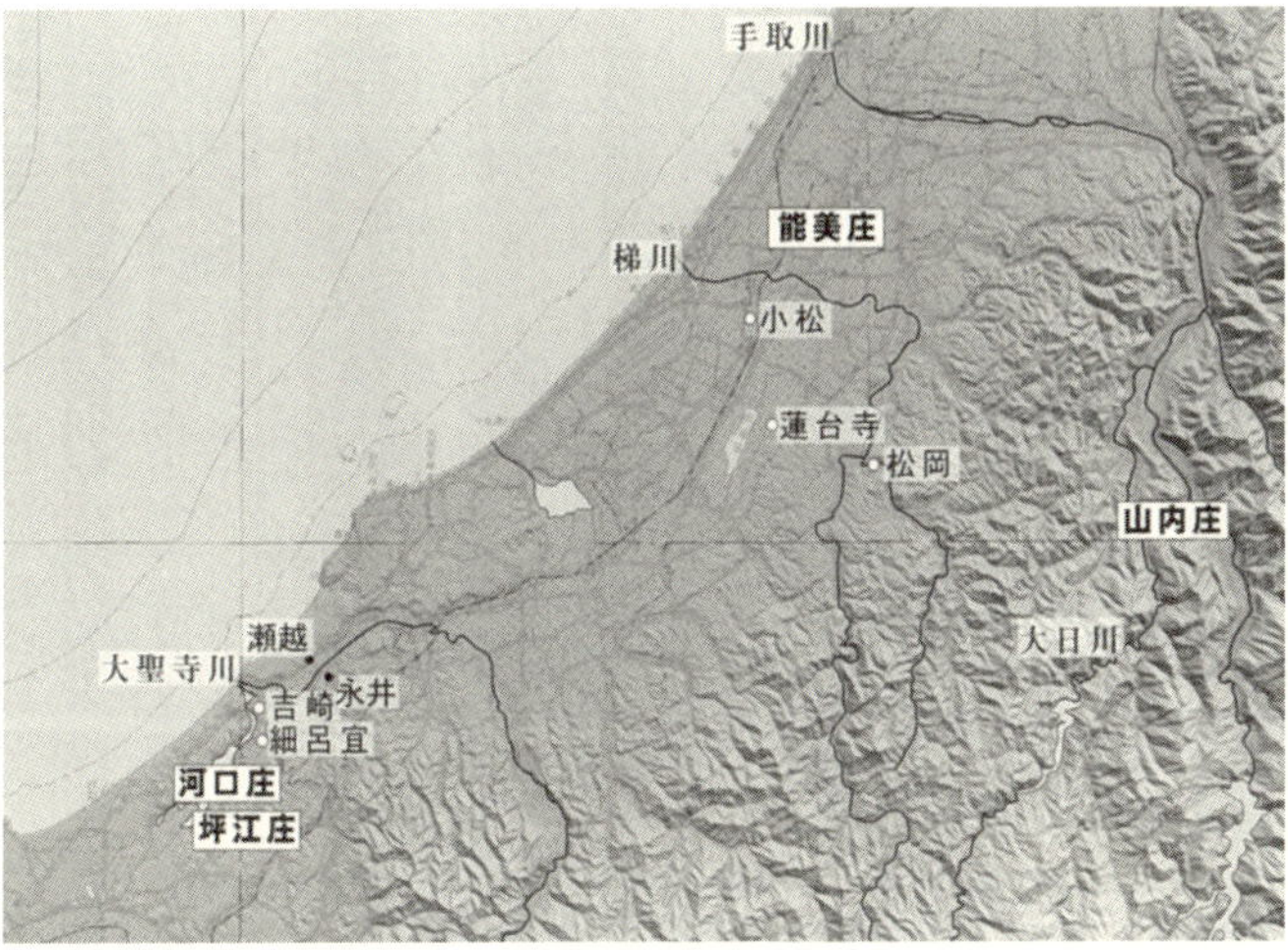

吉崎周辺

（越前）の細呂宜の郷の中にある吉崎というこの在所が、大へん風景がよいので、元々は虎や狼の住み慣れていた山中だが、そこを平に削って、しきたり通り七月廿七日から始めて、一寺を建立した。

それから昨日、今日と日が経って、はや三年の春と秋を私はここで過ごすこととなった。

その間に、僧俗の男女達が、大勢参詣に集まって来たが、一向に何の甲斐もないので、今年から（この吉崎への）人の出入を禁止することとする。

そのわけを述べるが、何故私がこの在所に住むようになったかと言うと、各々方は、人界に生を享けて、容易に逢い難い佛法に已に逢うことができたのではないか。それなのに、ただ空しく地獄へ堕ちるとは、実に情けないことではあるまいか。

そういうわけだから、念佛の信心を決定して、極楽へ往生を遂げようと思わない人々は、一体何しにこの在所へ集まって来られるのか？……それは許されない……という決定を下したのだ。

これは、偏《ひとえ》に、名誉や利益《りやく》が目当てではなく、後生《ごしょう》に於て覚を開くのを目指しているからである。だから吉崎の有様を見聞きする人々は我々を嫉視しないよう望むものである。

三段落

蓮如上人の御文は、名称に反して手紙というのではなく、法話であるものが多いと前に申しましたが、これから学ぼうとしている一帖目第八通についてはどうでしょうか？

そうですね、ただ説法ばかりが内容であるとは思えません。それでは何なのでしょう？　やはり手紙ですか？　では一体誰に宛てた何の手紙でしょう？
二十一、二十二行目を見て下さい。「コノ　在所へ　來集　セン　コト　カナウ　ヘカラ《べ》　サル《ざ》ヨシノ　成敗ヲ　クハヘ　ヲハリヌ」即ち蓮如上人が門徒達に吉崎への参詣を禁止されたのです。これは、従って単なる手紙というより、いわば「お触れ」「布告」というべき書状です。
では文章全体を見てみましょう。初め半分あたりではどんなことが書かれているでしょうか？冒頭から「文明第三……」と日付があり、後に「ハヤ　三年ノ……（十行）」とありますね。……そう。御文の著者の最近の行動を述べたものです。「何時、何処から旅をして吉崎へ来て、そこに住んだ」という簡単な記述です。それで「道俗男女群集（十一行）」大勢の参詣があったが、だしぬけに「出入ヲ　ト《ど》、ムル（十三行）」つまり出入禁止という我々を驚かせる言葉で終っています。

吉崎御坊の立地

ここまで当面の事実関係が書かれているということで私はこれを一応、「第一段・実記録」として区切ってみました。

次に「コ、ロハ……」と始まっていますから実に明瞭で、この出入禁止令の理由が述べられるのでしょう。そして二十二行目「……ヨシノ　成敗ヲ　クハヘ　ヲハリヌ」即ち「右のようなわけで、こういう決定を下した。」と終っているので、この箇所を「第二段・事由」としました。

最後の三行あまりは、難しい言葉などあって少々分りにくいですが、第一、第二段を「お触れ」とすると、ここは「右のようなお触れを出しましたよ」と、誰か別の人達に通知している感じで、本御文の構成は複雑ですが、適当な言葉が見付からないので一応「第三段・声明」とします。

四　解　明

【第一段第一節】


どうですか？　この御文の意とするところお分りになりましたか？

そうですね。一読しただけでは、もう一つ内容について釈然としないですね。字面の意味は別段難しくはないのですが、……それでは、一体何が不明瞭なのでしょうか？　……一応文の初めから、順次解明して行こうではありませんか！

先ず「実記録」の段から、更に細分しながら考えて行きましょう。

第一段の初めの大部分、「群集セシム」まで、著者が吉崎へ来て、それから今日までの経過を簡単に述べた箇所、これを第一節としましょう。

●第一項

その初めの六行「……オモシロキ　アヒタ《だ》」までを第一項とします。著者蓮如上人が、文明三年（一四七一）四月、現在の滋賀県大津から旅に出て、方々廻り道をされた後、福井県吉崎を新居と定められた、ということがこれで分かります。

三行目に「不圖　シノヒ《び》　イテ《でて》、」とあるが、これでは、肝心の旅行の動機が全然はっきりしません。何か物見遊山、今日の言葉で言えば、観光旅行のようですが、そのまま吉崎に留まる、つまり住所を移転するのですから、少々不可解ではありませんか？

この問題を験べてみましょう。

畿内退去の決意

親鸞聖人を開祖とする浄土真宗の中で、微々たる存在に過ぎなかった京都東山の本願寺は、蓮如上人の代となって、俄に興隆の兆しが見えて来ました。然し寛正六年（一四六五）天台宗の比叡山衆徒の攻撃を受けて、堂宇を破却され、それ以来、上人は難を避けながら、京都やその近郷を転々としつつ、布教を続けておられました。そして同じ天台宗でありながら、当時比叡山と対立関係にあった三井寺を頼って、その南別所に仮の御坊を建てて、ようやく一時《ひととき》の安住を得られました。

教勢は日増しに拡大して行きましたが、比叡山延暦寺の妨害・弾圧は執拗に続けられ、蓮如上人も、このままでは思うように教化ができないと覚られました。そこで都から遠く離れた所へ、居を移す必要がある、……という考えは、かなり早い時期から上人の胸中にあったようであります。

ところが、本願寺を追われて二年後に、応仁の乱が始まり、我が国は内戦状態に陥ります。安心して布教に従事できる場所を見つけるのは、極めて難しくなって来ました。本拠をどこに移すかについて、上人は随分迷われたことと思います。その為、いろんな候補地が検討されました。そうして遂に吉崎に勝《まさ》る所はないという結論に達しました。

第一項は「吉崎……オモシロキアヒタ《だ》」と終っていて、著者は、恰《あたか》もこの時初めて吉崎を見たような書方をしていますが、彼の北陸旅行は、過去に数回あって、実は前々からこの「在所」に関心があったのです。

吉崎確保の工作

然しこう決まったからといって、それで当地に赴けるわけではありません。土地には持主がありあます。ところが幸いなことに、ここは奈良の興福寺大乗院の河口荘という荘園であり、大乗院門跡・経覚は、上人の父存如師の従兄弟に当たる人だったのです。

つまり、経覚の母が本願寺出身だったということから、両者の間の親交は深く、また、経覚は蓮如上人の人柄を大いに見込んでいたような節が見られます。大乗院門跡は時折京都の本願寺を訪れ、また上人も興福寺へ赴いています。それ故、上人が、大乗院の土地の一郭である吉崎の山を譲って欲しいと、門跡に懇願された時、直ちに快諾を得られた模様です。

とは言え、この頃、日本は武家政治の世の中となって、已に二百五十年も経っています。皆さん、源頼朝が、全国に守護・地頭を配したことは御存じでしょう。それ以来、武家は荘園の権益を侵害して来ました。領主達は、彼ら自身の土地を、自由に差配するのは難しくなっていました。

吉崎のある越前の国は、管領家の斯波が、代々守護職となっていました。然しこの家には、当時家督争いが起こっていて、斯波義敏《よしとし》は細川勝元に、斯波義廉《よしかど》は山名持豊《もちとよ》（宗全）に頼って対立しました。

一四六七年、応仁の乱が起こると、彼らは夫々《それぞれ》東軍と西軍に分かれて、干戈《かんか》を交えるようになります。初め北陸一帯では西軍が優勢でした。策謀家の細川勝元は、斯波義廉の配下にある有力な部将・朝倉孝景《たかかげ》を自軍に引入れる工作を始めました。

興福寺大乗院跡

恐らく経覚の斡旋によるものと思われますが、蓮如上人は、これと時を同じうして、朝倉孝景と誼を通じておられます。この朝倉との連絡には、越前で本願寺の末寺であった本覚寺《ほんがく》も、一役買っていたようで、この寺は、また河口荘の有力な荘官でもあったのです。

鹿島より吉崎を望む

更に当時の不動産の権利関係としては、今日と事情が異なっていて、土地の所有者が複数だったらしく、河口荘という荘園の中にも、名田と言われる物が幾つもあり、北潟に面したこの山や、あたり一帯は「吉崎名」と呼ばれ、その「名主」つまり所有者は、大家彦左衛門という人でした。この人は蓮如上人の熱心な信者であり、後に得度して慶聞坊《きょうもんぼう》と呼ばれます。

蓮如上人の吉崎下向は、従って何年も前から決められていたことであり、且、その実現の為に実に周到な準備がなされ、有効な手が次々と打たれていたのであります。荘園などの土地の領有関係についても、武家の勢力関係についても、寸分の誤算もなく、何の齟齬も起らぬよう、恰《あたか》も幾重にも掛けられた蜘蛛の糸の如く、吉崎は上人の掌中に帰したのです。

その他、上人の四男蓮誓が、文明元年から北潟湖に面した吉崎の対岸の鹿島に居を定めていたことが知られています。これは上人の吉崎進出計画が如何に綿密であったかを物語る最も有力な証左でしょう。彼は当時まだ数え年十五歳で、先述の名主大家氏がその世話係となっています。そうして二人で上人の来越の準備を開始していたのです。

旅行中に、そのすばらしい景色がふと目に止まったとか（五、六行）、まるで湯にでも行くように、ふらっと南別所から旅立ったとか（二、三行）御文の記述は、実態とはまるで異なっています。何故でしょうか？

シノビ《び》イテ《でて》、

「シノビイテ《びで》」は、今日も冗談半ばに使う、「お忍びで」と同じような感じで、つまり、公式旅行ではなく、略式、或いは私的なものだったわけです。これは事実で、近従の者は極めて少なく、家族は一人も同行しませんでした。上人の令室・蓮祐尼は、前年の暮に病歿しています。

比叡山とは、已に応仁の乱の直前に和議が成立していましたが、蓮如上人の教団は発展を続けており、これに対する旧佛教側は反感を抑え切れませんでした。一説には、この頃蓮如上人の御首《みしるし》に懸賞がかかっていたということで、誠に物騒な情勢でした。ですから、出立には大いに警戒を要したでしょう。

然し一旦北陸まで落ちのびてしまえば、あとはもう心配要らない筈です。それから三年も経って、何故吉崎移住が、予定の行動ではなく、偶然の思い付きであるかの如く、曖昧な表現をしなければならないのでしょうか？　蓮如上人は、畿内時代、数多くの危険を潜って来られました。それらの体験から、自然とこのような用心深さを身につけられたのだとも考えられます。

然しまた別の面からも考えてみたいとも思います。上人の生まれ育った京の東山の本願寺は青蓮院の隣接地に、ちょうどその塔頭であるような形で建っていて、事実上その末寺となっていました。参詣者は一人もなく、「サビサビ」としていました。それが今や「道俗男女群集」、山全体埋め尽くすような吉崎御坊の賑わいようです。大抵の人なら、これでよい気持にならないわけがありません。つまり、見ようによっては、惨めな都落ちの感のある吉崎行が、結果的には、大ヒットとなったのです。

「これは何年も前から極秘裏に計画したことなのだ」とか、「守護の朝倉を承諾させたんだ」とか、「大乗院門跡とは実は親戚なんで」など、幾ら自慢しても足りないくらいです。

それと比べて、この御文の書出しは、何と淡々としていることでしょうか？　功を誇るような素振りは、微塵も感じられません。何という床しさでしょう。

道　程

上人の畿内から吉崎への移転の理由と、その為の準備について、考えて来ましたが、今度はその旅行の道筋を検討してみます。

先ず上人は、真直ぐには北陸を目指さず、畿内周辺各地に立ち寄られたとする学者もあります。私は、この危険な時期のことなので、やはり一刻も早く、近江を離れる必要があったと考えます。それも、陸路より安全な水路を、つまり、琵琶湖を縦貫して、海津か塩津に舟をつけて、真北へ峠

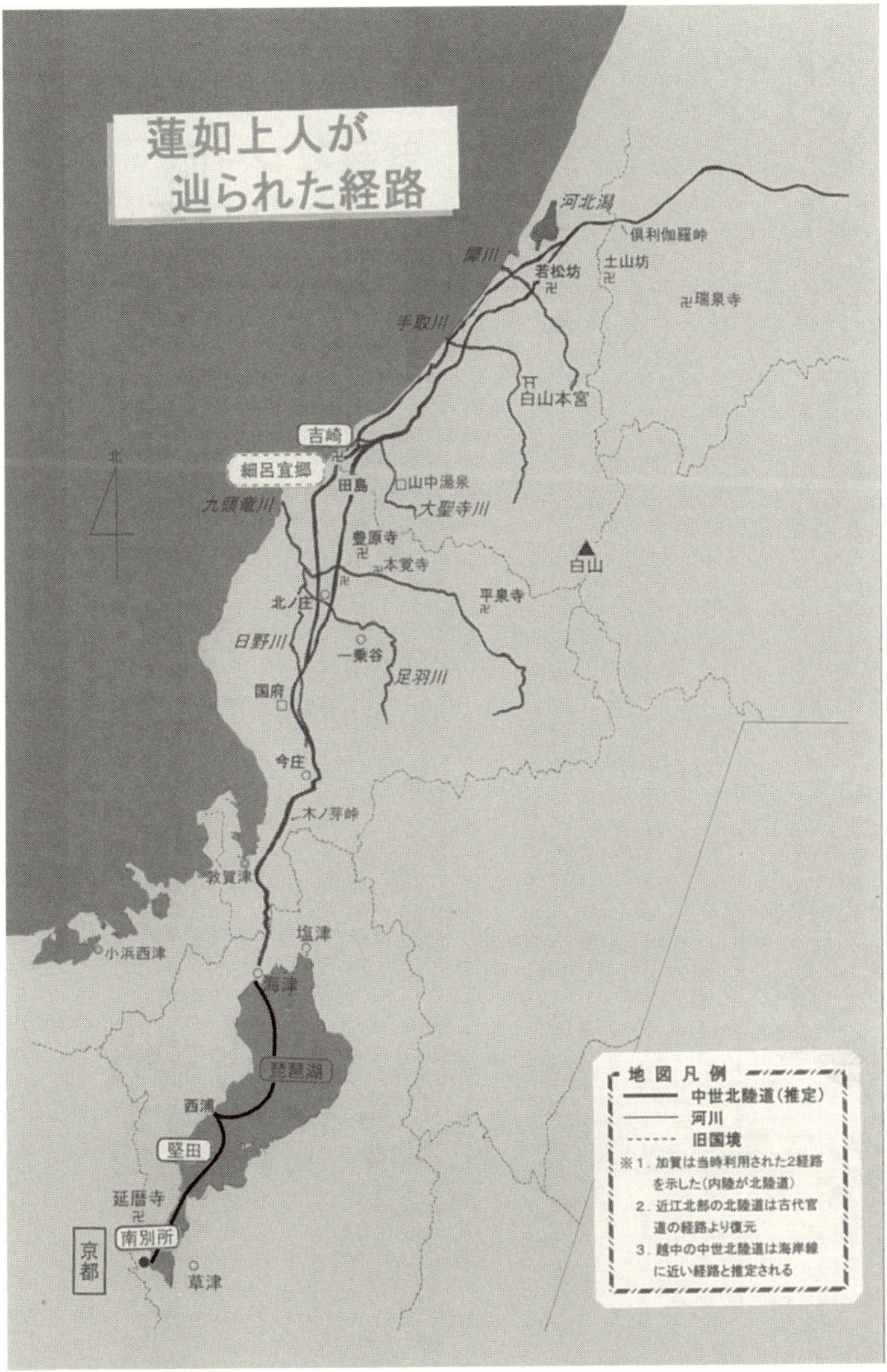
蓮如上人が
辿られた経路
河北潟
倶利伽羅峠
犀川
若松坊
土山坊
瑞泉寺
手取川
白山本宮
吉崎
細呂宜郷
田島
山中湯泉
北
九頭竜川
大聖寺川
豊原寺
本覚寺
白山
北ノ庄
平泉寺
日野川
一乗谷
足羽川
国府
今庄
木ノ芽峠
敦賀津
塩津
小浜西津
海津
琵琶湖
西浦
堅田
延暦寺
南別所
京都
草津
地図凡例
中世北陸道(推定)
河川
旧国境
※1．加賀は当時利用された2経路を示した(内陸が北陸道)
2．近江北部の北陸道は古代官道の経路より復元
3．越中の中世北陸道は海岸線に近い経路と推定される

を越えて敦賀へ出る道です。幸い湖上の通行権を握っている堅田の住民が、熱心な蓮如上人の門徒でした。

敦賀、或いは若狭小浜から日本海を航行すれば、そのまま北潟に面した吉崎に上陸できます。然し敦賀から陸の道ということも考えられます。または敦賀へは出ず、湖北からそのまま木の芽峠を越えて、越前の国府へ向かう道もあります。

越前・加賀経廻

次に「越前、加賀、諸所ヲ　經廻セシメ　ヲハリヌ」という言葉ですが、「越前と加賀の両国を旅して歩き廻っている中に、吉崎というよい所が見付かった（ので、そこに留まって寺を建てることにした）」という風に読むのが自然でしょうか。それだと、旅の始りが南別所で、その終りが吉崎ということになりそうです。

原文をただ素直に読めば、その通りですが、この旅行の目的地が、初めから吉崎であったことは、先に考察した通りです。それを蓮如上人は、何となく旅を続けている中に、偶然景色のよいこの土地を見付けたという風に記述しておられます。しかも目的は、吉崎へ行くというだけではなくて、その地に「一宇（八行目）」、つまり寺院を建てることだったのです。つまり布教活動の根拠地を作り上げるという、上人の生涯を賭けた構想があったのです。

これは単なる上人の謙虚さというのではなく、明らかに何らかの配慮あってのことと考えざるを得ません。都を離れて、百里の道程《みちのり》をわざわざこの山間隔地まで来越したというのは、傍目《はため》には、どう見たって、何か深いわけがありそうに映るでしょう。それを、恰も、「自分は暇だから旅に出て見たら、気に入った場所を見付けたので、しばらく逗留することにしたのだ」……と、ほんの気紛れであるかの如く語っておられるのです。北陸移住の真の意図を、できれば察知されたくないのです。

吉崎を布教の本拠に

その意図とは、言うまでもなく、浄土真宗の興業であります。それは上人の幼時からの大望でした。ところが、部屋住の身分として、それが実行に移せないまま、四十三歳の年まで、父存如師の補佐をしながら雌伏しておられました。その後、まるで堰を切ったように畿内一円で上人の布教活動が展開します。然しそれが不幸なことに、比叡山の敵愾心を煽ることとなり、寛正六年（一四六五）、東山大谷の本願寺に押し寄せた延暦寺西塔の衆徒によって破却されます。蓮如上人は難を避けて、湖南の金《かね》ヶ森、湖西の堅田、大津南別所など転々とされますが、叡山の武力行使は執拗に繰返され、為に落着いて教を弘める場所を定めることができません。それで、最終的に、畿内以外に布教の拠点を探すという決意になったのです。

吉崎下向の文明三年（一四七一）は、本願寺継職の長禄元年（一四五七）から十四年、寛正の法難（一四六五）から六年経って、上人は齢已に五十七歳です。寿命が五十年にも充たなかった当時としては、かなり稀な長生きと言えます。比叡山の干渉さえなければ、真宗興隆の大望は略《ほぼ》達成されていたのではないでしょうか？　上人としては、この失われた十四年が、誠に口惜しかったでしょう。然しそんな愚痴をこぼされたことは一度もありません。ただ吉崎こそは所志達成の最後の機会……という思いが、この御文を記す著者の心中にあったのは間違いありません。

比叡山からは遠く離れました。然し別の妨害者が現われないだろうか？　充分に用心して、できる限り、第三者に警戒心や猜疑心を起こさせないようにしたい……本御文のさりげない書出しは、こういう配慮に基づくものでありましょう。

では、もう一度原典に復《かえ》って、「越前、加賀、諸所ヲ　經廻……」ですが、これはどういうことでしょうか？　これから乾坤一擲を賭《と》すというところで、真直ぐ、目的地に向かわないで、方々歩き廻るなんて……と首を傾げたくなりますね。そんなにまで、第三者を意識して壮途を偽装《カムフラージュ》しなければならなかったのでしょうか？　或いは、これは虚偽の記述でしょうか？

然し「初夏」は旧暦で四月であり、吉崎の坊舎の「建立（九行目）」の始まったのが、「七月廿七日（八行目）」ですと、その間、四ヶ月近くあります。大津から直行して、こんなに日日《ひにち》はかかりません。水路より陸路の方が日数を要しますが、いくらゆとりを見ても、二週間は不要でしょう。すると、七月廿七日までの間に、三ヶ月半程の日数が余ってしまいます。この謎を解かなければなりませんが、その為には次の項を吟味する必要があります。

●第二項

「年來　虎狼ノ（六行目）」から「建立　シテ（九行目）」まで、寺の建立を語る部分を、第二項

と考えたいのですが、その中の
山中ヲ　ヒキ　タイラケ《げ》テ（七行目）
を注目して下さい。今日「御《お》山」と呼ばれている吉崎の一番高い所へ登って見て、皆さんも驚かれるでしょうが、そこは松の木がまばらに生えた閑静な広がりで、数百メートルに亘って真っ平です。湖面からわずかに百数メートルの、山というより低い、むしろ丘というべき高みに過ぎませんが、自然の状態で天辺がこんなに平坦になっているということがあり得ようかと、最初にここを訪れた時、私は首を傾げました。

吉崎御坊跡を示す石碑

後になって、この御文など注意深く読んで見て、成程と感じましたが、山の頂は人手によって、削って均《なら》されたのです。それも大勢の人が、何日もかかって作業したのです。今日のような器具のなかった当時としては、さぞ大へんなことだったでしょう。

そこで疑問になるのは、この工事をしたのはどんな人達かということです。守護や荘園領主のように、動員力や財力があれば、これは可能でしょう。然し蓮如上人はどうだったでしょう？　確かに、畿内では蓮師の勧化によって、門徒の大集団ができていました。寛正の本願寺破却の時には、大勢の人々が上人の安否を気遣って駆けつけています。その翌年、山門の衆徒が、江州金ヶ森の門徒を襲った時には、逆に反撃に出て、衆徒の頭目・日浄坊なる者を打ち取っています。また比叡山との和解の為に、莫大な献料が支払われています。けれども畿内や近江の門徒達は、上人が彼らの許で布教を続けてくれるのを望んでいましたから、吉崎御坊建設に協力は期待できませんでした。

講の結成

そこで、先程の「越前、加賀經廻」の一件について、私がはたと思い当たったのは、このことです。つまり坊舎造営の為には人手が必要で、上人はそれに奔走されたのです。

当時、北陸には、幾つかの本願寺末寺はありました。でもそれは誠に微々たるものです。上人は四月半ばに吉崎に着くと、直ちに布教に乗り出されたのだと思います。

中世も半ばを過ぎると、北陸地方では、畿内と同様、荘園制度はかなり弱体化していました。近隣の数ヶ村がお互いに連繫して、「郷」とか「惣村」と呼ばれる自治体を、荘園の枠組を離れて形造っていました。彼らは定期的に寄合い、「乙名」「月行事」などと呼ばれる役員が、住民の間から選ばれて、夫々《それぞれ》の郷、惣村の自主運営が行われていました。蓮師はこれに着目し、この郷の会合で法座を作られました。それは「講」と呼ばれ、越前「諸所ヲ經廻」する中、各地に講は次々に結成されました。そしてこれらの講の根本道場、つまり本山として、吉崎に坊舎を建てる計画が話し合われたのではないかと思います。これに賛同した惣村や郷の人々の奉仕によって、吉崎の「山中」

は、短時日に「ヒキタイラ」げられたのではないでしょうか。

こういうことには、或程度私の憶測も混じっていますが、吉崎で、蓮如上人は、先に述べた名主の大家彦左衛門邸に滞在されたという説もあり、また、御坊建設に当って、近くの田島という所にあった興宗寺が、いわば企画本部の役割を果したとも言われているので、決して実態からかけ離れた考え方ではないと確信しています。

要するに、布教拠点要地確保には、遠い畿内の地で、周到な準備が長年に亙って続けられたが、坊舎建設は、人手についても、財源についても、全くゼロからの出発だったと思います。ヒキタイラげる、つまり今日の言葉で言う造成工事が、四月末頃から七月末頃まで僅か三ヶ月で仕上ったのです。誠に驚異という他ありません。

上人巡化の先々の郷という郷、惣村という惣村は、住民を挙げて、たちどころに、皆、上人の弟子となったのです。夫々《それぞれ》が講を結成し、講と講の間に連繋ができて、十数ヶ所、或いは数十ヶ所の郷民の信心の中心となるべき道場が必要だという意欲が湧き、彼らが吉崎へ詰めかけて、作業に従事したことが、彼ら相互の連帯感や信仰心を盛り上がらせたのだと思います。

カタノ　コ《ご》トク（八行目）

この言葉をどう解釈すべきか、ですが、杉紫朗師の「御文章講話」では、「見る通り」……即ち、御文の書かれた文明五年九月の時点に於いて、「今、目の当りにするこの堂舎が、三年前の七月に建てられたのだよ」という意味合いとなります。

また「在来の形式の如く」……即ち、伝統的な寺院建築の様式に従って。

三番目に、「形ばかりの」という卑下した表現
……以上を挙げて、ここでは、最初の「見る通り」がよかろうとしています。「新明解古語辞典」というのを見ますと、杉氏の挙げた、あとの二つの用法が掲載されています。

私としては、むしろ二番目の、「しきたりの通り」という意味に理解したいです。今日でも建築には、鍬入式（或いは地鎮祭）と共に工事が開始され、略《ほぼ》完成したところで上棟式、そして完成すると落慶を祝うことになっています。

私はここで、「七月廿七日ヨリ」の「ヨリ」に注目したい。つまり、従来の建設のしきたりに従って、廿七日の鍬入式ヨリ始めて、……というわけで、七行目の「ヒキタイラケ《げ》テ」で造成工事は終わり、七月廿七日ヨリは建築工事を始めた……と解釈すれば、筋が通ると思うのですが、如何でしょう？

これについて、文明三年七月十八日付と、同じく九月十八日付の御文が今日に残されていて、この両者の中間には御文が書かれていないから、この空白の間が、吉崎御坊建立の期間だろうという説を立てる学者があります。

然しこの仮説は、あまり説得力があるとは思えません。何故なら、蓮師の御文が、凡て今日まで伝わっているとは言い切れないし、この空いた二ヶ月の間にも書かれた御文があって、それが消滅してしまった可能性もあり得るでしょう。それに建築期間中であっても、例えば大家彦左衛門邸とかでその気になれば執筆できたでしょうから。それでも私は、鍬入式が行われたと想定する七月廿

七日から、二三ヶ月、やはり御文製作はなかったと思います。それは著作の場所がなかったのではなく、時間がなかったからです。

測します。

(preceding)

御坊建築と再度の北陸経廻

吉崎到着後、約二ヶ月、上人は附近の諸郷を訪れ、法座を開き、講を結成して行かれたと私は考えていますが、本坊建設の鍬入式を山上で済まされた後、更に巡化の為、方々に足を運ばれたと推測します。

越前の国はもとより（多分、今庄以東の地域）加賀の国も、西から東へ横断して、越中の一部まで足を伸ばされたと思います。上人の足跡は、様々の史料で証明されています。御坊が完成して後は、その経営の為に問題が累積して、巡化の旅は事実上不可能となっていますから、七月廿七日前後数ヶ月が、巡化の為の、いわばやま場《ば》だったに違いありません。

人間には一生に一度大きな仕事をする機会《チャンス》が訪れると言われます。然し大抵の人は、それが来たことに気付かないか、それに乗ずる決断ができないで、生涯を棒に振ってしまいます。私は「蓮如御文読本」の五帖目第十通解説の箇所で、大海人皇子・天武天皇の例を引いてお話しましたが、皇《み》子《こ》が殆ど丸腰で吉野を退去して、却って大軍を動員できたように、上人も殆ど供もなしに都落ちして、一挙に大教団を作り上げたのです。

自ら坊舎の建築を指図したかったでしょうが、それは近従の人々に任せて、上人は越前加賀、それに越中西部の「諸所」を丹念に歩き廻って、法座の講を開き、人々に吉崎の建立を告げると同時に、早々に参詣に訪れるよう勧めたと思われます。

●第三項

そして、「昨日　今日ト（九行目）……群集　セシム（十一行目）」は第一節第三項です。

御坊が落慶するや、文明三年、その年の中から、「道俗男女」が「群集」（十一行目）したと思われます。それより「三年の春秋（十行目）」（文明三年春から文明五年秋まで）、吉崎は空前の大繁栄を迎えたのであります。

【第一段第二節】

この段の最後「ト　イヘト《ど》モ……ト《ど》、ムル（十一行―十三行）」を第二節と考えて、一応、「布告」と名付けてみましたが、それは（御坊へ）参詣を禁止するという「お触れ」になっているからです。

また、第一節が過去の事象であるのに対し、これは現在の事態であります。

それにしても、これは一体何たることでしょう！　蓮師はそれまで、如何に大勢の人々を吉崎へ集めるかに、全力を傾けて来られた筈なのに、いきなり出入り禁止とは！　驚天動地のことです。

……然しこれは次の段で、併せて考えましょう。

【第二段】

文法上の分析

ここを一応「事由」と名付けましたが、それはこのお触れを何故出したか、そのわけ「根元《こんげん》」が述べられているからです。

けれども、文意は中々理解しにくいですね。それは、この箇所の「てにをは」がはっきりしないからでしょう。それ故、この十行程を、文法的に分析して考えてみることとしましょう。

●第一文

先ず、十四行目から十五行目にかけて、「……ナニコ《ご》トソ《ぞ》ナレハ《ば》」までの節について考えますと、主語が表現されていませんが、これは明らかに一人称単数で、「私がこの在所に住むようになったわけは……」です。

ところが、そのわけ「根元」が述べられていません。……答は、十九、二十行目の反対のことです。つまり、「(それは、人々が、)「念佛ノ信心ヲ決定シテ　極楽ノ往生ヲトケ《げ》シ　トオモウ」(ようになってくれるのを、期待したからである。)」でしょう。

文法的に言えば、主節が省略されて、従属接続節のみが、それも主語が欠落して書かれているわけです。否、もっと厳密に言うなら、「根元ハ〈主語〉ナニコ《ご》トソ《ぞ》〈動詞〉」と言って、その答たるべき不表現の主節に対する従属接続節があり、それが欧米語なら「その根元の為に」という意味の関係代名詞を必要とする「(予が)〈主語〉コノ在所ニ居住セシムル〈動詞〉」なる関係従属節を、更に従える形になっています。

●第二文

十五行目、「ソモ〳〵」から、十八行目、「アラス《ず》ヤ」までは、完結した文です。

「シツ《ず》マンハ〈主語〉マコトニモテ　アサマシキコトニハ　アラス《ず》ヤ」〈動詞〉——が主節です。

「身カ《が》〈主語〉イタツ《ず》ラニ　ムナシク　奈落ニシツ《ず》マン」〈動詞〉——この節は、「沈むというそのこと」という意味の接続詞を補足して考えて、次の主節に繋がる従属接続節です。

残りの十五、六行目は、「身」を修飾している、つまり欧米語式であれば、「身」に代わる関係代名詞を主語とし、「ウケテ、アヘ《え》ル」を動詞としている、前記従属節に更に従属する関係節です。

●第三文

そのあと、二十一行目の「來集セン」の間が三番目の文で、「ヒトビト」が主語、「來集セン」が動詞として、これも一応整った文」です。但し最後に、問いかけの意を含む助詞「や」が省略されていると見て、「……しようと思わないヒトヒトは、ナニシニ吉崎へ来るのだろうか?」という意味に解すべきでしょう。

これも厳密に言うなら、「ヒト〳〵ハ〈主語〉ナニシニ　コノ在所へ　來集セン」〈動詞〉(や?)が主節で、その「ヒト〳〵」がどういう「人々」かと言うと、

「オモハ《わ》　サ《ざ》ラン〈動詞〉ヒト〳〵」〈主語〉

つまり、主節に従属する関係従属節で説明されています。そして、

「オモハサ《ざ》ラン」——どう「思わない」のかと言うと、

「念佛ノ信心ヲ決定シ〈動詞〉テ　極楽ノ往生ヲトケ《げ》ン」〈動詞〉トいう風に思わない——即ちここにも接続詞が本来あるべき、接続従属節が、右の関係従属節に更に従属しているわけです。

人文書院
刊行案内

2025.10 渋紙色

食権力の現代史
――ナチス「飢餓計画」とその水脈

藤原辰史著

なぜ、権力は飢えさせるのか？

史上最大の殺人計画「飢餓計画（フンガープラン）」ソ連の住民3000万人の餓死を目標としたこのナチスの計画は、どこから来てどこへ向かったのか。飢餓を終えられない現代社会の根源を探る画期的歴史論考。

購入はこちら

四六判並製322頁　定価2970円

リプロダクティブ・ジャスティス
――交差性から読み解く性と生殖・再生産の歴史

ロレッタ・ロス／リッキー・ソリンジャー著
申琪榮／高橋麻美 監訳

不正義が交差する現代社会にあらがう

生殖と家族形成を取り巻く構造的抑圧から生まれたこの社会運動は、いかにして不平等を可視化し是正することができるのか。待望の解説書。

購入はこちら

四六判並製324頁　定価3960円

人文書院ホームページで直接ご注文が可能です。スマートフォンで各QRコードを読み込んでください。注文方法は右記QRコードでご確認ください。決済可能方法：クレジットカード／PayPay／楽天ペイ／代金引換

〒612-8447 京都市伏見区竹田西内畑町9　TEL 075-603-1344
http://www.jimbunshoin.co.jp/　【X】@jimbunshoin（価格は10％税込）

新　刊

脱領域の読書

——あるロシア研究者の知的遍歴

塩川伸明著

知的遍歴をたどる読書録

長年ソ連・ロシア研究に携わってきた著者が自らの学問的基盤を振り返り、その知的遍歴をたどる読書録。

学問論／歴史学と政治学／文学と政治／ジェンダーとケア／歴史の中の個人

購入はこちら

四六判並製310頁　定価3520円

未来への負債

——世代間倫理の哲学

キルステン・マイヤー 著
御子柴善之監訳

世代間倫理の基礎を考える

なぜ未来への責任が発生するのか、それは何によって正当化され、一体どこまで負うべきものなのか。世代間にわたる倫理の問題を哲学的に考え抜いた、今後の議論の基礎となる一冊。

購入はこちら

四六判上製248頁　定価4180円

魂の文化史

——19世紀末から現代における
ヨーロッパと北米の言説

コク・フォン・シュトゥックラート著
熊谷哲哉訳

知の言説と「魂」のゆくえ

古典ロマン主義からオカルティズム、ハリー・ポッターまで——ヨーロッパとアメリカを往還する「魂」の軌跡を精緻に辿る、壮大で唯一無二の系譜学。

購入はこちら

四六判上製444頁　定価6600円

新刊

映画研究ユーザーズガイド
——21世紀の「映画」とは何か

北野圭介著

映画研究の最前線

視覚文化のドラスティックなうねりのなか、世界で、日本で、めまぐるしく進展する研究の最新成果をとらえ、使えるツールとしての提示を試みる。

購入はこちら

四六判並製230頁　定価2640円

カントと二一世紀の平和論

日本カント協会 編

平和論としてのカント哲学

カント生誕から三百年、二一世紀の世界を見据え、カントの永遠平和論を論じつつ平和を考える。カント哲学全体を平和論として読み解く可能性をも切り拓く意欲的論文集。

購入はこちら

四六判上製276頁　定価4180円

戦争映画の誕生
——帝国日本の映像文化史

大月功雄著

映画はいかにして戦争のリアルに迫るのか

柴田常吉、村田実、岩崎昶、板垣鷹穂、亀井文夫、円谷英二、今村太平など映画監督と批評家を中心に、文学や写真とも異なる映画という新技術をもって、彼らがいかにして戦争を表現しようとしたのか、詳細な資料調査をもとに丹念に描き出した力作。

購入はこちら

A5判上製280頁　定価7150円

●第四文

助詞「や」が何故省かれたかというと、「コノ在所へ來集セン」が、四番目で最後の文の一部としても利用されているからです。

この文は、主節「成敗ヲクハヘヲハリヌ」、従属接続節「コノ在所へ來集センコトカナウヘ《べ》カラサ《ざ》ルヨシノ」の二節から成り、従属節の主語は來集センコトですが、主節の主語は示されていませんが、一人称単数です。

第二段の文法的分析を表にしてみますと、

	行数
第一文	
〔主節〕――表現されていない	
〔接続従属節〕根元ハ〈主語〉ナニコ《ご》トソ《ぞ》〈動詞〉	十四
〔関係従属節〕〈主語〉一人称単数（不表現）コノ在所ニ居住セシムル〈動詞〉	十四
第二文	
〔主節〕シツ《ず》マンハ〈主語〉　アラス《ず》ヤ〈動詞〉	十七―八
〔接続従属節〕身カ《ガ》〈主語〉シツ《ず》マン〈動詞〉	十六―七
〔関係従属節〕（身）主語　ウケ〈動詞〉テ　アヘ《え》ル〈動詞〉	十五―六
第三文	
〔主節〕ヒト〳〵ハ〈主語〉來集セン〈動詞〉	廿―廿一
〔関係従属節〕オモハ《わ》サ《ざ》ラン〈動詞〉（ヒト〳〵）〈主語〉	廿

〔接続従属節〕決定シ〈動詞〉トケ《げ》ン〈動詞〉（ヒト〳〵）〈主語〉　十九―廿

第四文

〔主節〕〈主語〉一人称単数（不表現）クハ《わ》ヘ《え》〈動詞〉　廿二

〔接続従属節〕（來集センコト――第三文と共用）主語　カナウ〈動詞〉　廿一

（　）内は欠如部分です。却って分かりにくくなったでしょうか？　そうとしたら、稚拙な説明をお許し下さい。

論理上の考察

以上、第二段は四つの文でできているのを見て、それらの分析をしましたが、文法の上で分かったとして、今度は論理上から考えましょう。

その論理の順序としては、第二文から始まると思うのですが……そこの十五、十六行は、明らかに、我々佛教徒が始終唱える「礼讃文《モン》」の意趣に沿うたものと思われます。その文《モン》は

人身受け難し、今已に受く。佛法聞き難し、今已に聞く。此身今生に向って度せずんば、更に何れの生に向ってか此身を度せん。

という言葉で始まっています。

先ず、佛法で説く六道輪廻《りんね》の思想を念頭に置いて下さい。魂というものは、量り知れない悠久の音から、地獄、修羅、餓鬼、畜生、人間、天上の六つの世界に、生れ変わり、死に変わりして尽きることがない、という教です。この六道の中の人間界に魂が生《しょう》を享けるのは、極めて稀なことだと

いうのです。しかも、こうしてやっと「人界《にんがい》」に生まれることができても、佛法を聞くという機縁に恵まれるのは、中々あり得ないと言われています。

ところが、蓮如上人がたまたま吉崎の地に居を構えられ、北陸の各地に講を結成されたお蔭で、多くの人々は、この逢い難い佛法に逢うことができた。

そこで、そうなった以上……ここから第三文に移って……阿弥陀佛の救いに縋るよう心が決まって、後生は極楽に生まれたいという心が起こらなければ、（何にもならないではないか？）（十九、二十行）

次に、第二文の後半に戻って（十六行目の下方から十八行目まで）（……折角人間界に生まれ、佛法に逢えたにも拘らず、信心が決定しなければ、）そのまま「ムナシク」、捺落に沈んでしまうことになる（「捺落」は、梵語ナラカの漢字の音写で、「地獄」のことです。）それは、「マコトニ」痛ましく哀れむべきことではなかろうか？

論理の筋道としては、ここからが、最初の第一文（十四行目）で、……私（蓮如）が、「コノ在所」、吉崎に、居住するようになったのは、越前、加賀、越中など、北陸の多くの人々が、佛法に逢い、阿弥陀佛のお奨めのままに、「信心ヲ決定シテ」、極楽に往生したいと思うようになるべく、法を説く為である。

ここからまた第三文の末尾にある如く、（私の呼びかけに応じて）、人々は「コノ在所」へ来集したが、一体「何シニ」来たのか？

そして、初段の最後の節へ返りまして、……一向に、「ナニヘントモナい」様子ではないか！

「ナニヘン」については、語彙の項で申しました如く、「何の甲斐もない」恐らく、団体で押し掛けて来て、雑談したり、連れ立って歩き廻ったりするばかりで、法座に連なっても、あまり真剣に法話に耳を傾け、信仰に入りたいという熱意は、至って希薄である、というような上人の御感想ではないでしょうか。

そこで、初段も二段も、同様の趣旨で結ばれていますが……今年から、一同の出入差留（十三行目）吉崎へ集まって来てはならぬ、という決定を下したのだ（二十二行目）。

では、おさらいの意味で、第二段の論理的順序を、表にしてみましょう。

第二文　十五行目　人界に生まれ
　　　　十六行目　佛法に逢う
第三文　十九行目　極楽往生を遂げるべし
　　　　二十行目
第二文　十七行目　捺落に沈むはあさまし
　　　　十八行目
第一文　十四行目　（蓮如が）吉崎に居住する根元は（諸人に往生を説く為なり）
第三文　二十一行目　（それなのに）人々はこの在所へ何しに来たのか？
（初段末
第四段）　十二行目　（道俗男女は）何篇ともない様子ではないか

第四文　十三行目　諸人の出入を停止する
二十一行目　（吉崎へ）来集してはならぬ
二十二行目　という決定を下した

【第三段　声明】

二十二行目の下の「コレヒトヘニ」から最後までは、結びの言葉ですが、二十四行目の「ユヘ《え》ナリ」以前と以後と二つの文でできています。

●第一文

初めの方の文では、御覧の通り、「名聞利養」と「後生菩提」が対比されていますが、これは今昔物語など古文に屢々表われる慣用文であります。そして佛教の一つの標語とも言うべきものでしょう。

已に語彙の所で申しました如く、「名聞利養」の「名聞」は、自分の名が世間に知れ亙る、いわば、精神面での充足感を齎《もたら》し、「利養」の方はつまり、経済的に豊かになる、物質的な満足となるものでしょう。これは、この世に生を享けた以上、大抵の人が乞い求めるものではないでしょうか？　「後生菩提」は、来世で佛の覚に到達することで、勿論、願わしいことに違いありませんが、然し死んでから後、人間はどうなるのか、容易に分かるものではなし、信ずる気には中々なれません。

とは言うものの、この世で如何に栄耀栄華を極めても、人世は朝霧の如く、あっという間に終ってしまい、名声も富貴も、あの世へ持って行くことはできません。佛法の説くところは、この世の一時的な快楽ではなく、永生《ようしょう》の楽果、即ち極楽に往生して、永遠の仕合せを得ることです。

「……ヲ本トセス《ず》……ヲコトトスル」の二つの述語は、修辞上の綾を付けたもので、意味は同じです。ですから、「名聞利養を顧《かえりみ》ず、後生菩提を本旨としなければならない」というのが、この文の趣旨であります。宗旨を問わず、佛教徒たる我々は、常にかたく自らに戒めねばならぬ大義であります。ところが、現世の誘惑は種々と大きく、特に今日のような資本主義の世の中では、名聞利養に無縁であることは、大へん難しいです。確かフランス王ルイ・フィリップでしたか、国民に向かって、「金持になりなさい！」と宣《い》ったと伝えられています。今や経済が人類社会の基盤となっています。

蓮如上人はこの一事を、恐らく座右の銘としておられたのでしょう。前半生は、都の外れの、狭い大谷の一室で、屢々三度の食事にも事欠くような部屋住み生活を過ごされた後で、俄に世の注目を浴び、生活に充分なゆとりができたのですから、名聞利養に溺れる危険は大へん大きかったわけです。

吉崎定住の後は、名声は一段と上りました。何でも、ここから東国行脚《あんぎゃ》を志して、越中の井波に着いたところ、上人を一目見たいと犇《ひしめ》いた群衆が、折り重なって倒れ、怪我人まで出たというので、これ以上の事故にならないようにと、急遽吉崎へ帰られたという言い伝えさえもあるくらいです。その知名度たるや、都の将軍や管領を凌いでいたでしょう。少なくもこの時代に、彼ほど大勢の人々から慕われた人は、どこにもありませんでした。

以上は「名聞」の方ですが、「利養」について考えてみます。前にも述べましたが、蓮如上人が文明年間に北陸へ来られて、何よりも力を尽くされたのは、至る所に講を結成されたことでしょう。それは多くの場合、郷、惣村を基盤としていました。つまり、郷民、挙げて蓮如上人の門徒となったということです。当時は荘園制度が相当乱れていて、例えば「地下請《ぢげうけ》」などと称して、年貢を、郷毎に纏めて納めるようなことも行われていました。中世はもう終りに来ていました。但し、商業資本はまだそれ程発達していず、やはり農業生産が経済の主体でした。そして、その農業が、今や荘園ではなく郷単位で考えられるようになるとすると、その郷民の心を束ねた蓮師の立場ほど力強いものが他にあり得るでしょうか？　言い換えれば、土地というものが財産の殆どであった時代に、その土地を耕す農民の多数が、蓮如上人の許に馳せ参じたのです。吉崎の教団は、こうして、いやでも大きな経済力を持つこととなったのです。

蓮如上人は、望むと望まざるとに拘らず、絶大な名聞と利養を、掌中に収められたのでした。

●第二文

諸山寺の偏執

そこで後の方の、本御文の最後の文に移りますが、吉崎の繁栄が問題となったので、諸人の出入を止めた。それで第三者は「偏執《へんじゅう》」（妬み）をしないようにという意味です。然し嫉妬と言っても、それは単なる感情的なものに留まりません。

本来、こういう土地資本を享受していたのは、主として荘園領主達でした。中央の権門勢家の他に、夫々《それぞれ》の地方の大寺社が荘園を所有していました。御文の中でも、これら大寺社について、

越中《エチチウ》 加賀《カカ》 ナラハ 立山《タテヤマ》 白山《シラヤマ》 ソノ ホカ 諸山寺《ショヤマテラ》 ナリ
越前《エチセン》 ナラハ 平泉寺《ヘイセンシ》 豊原寺《トヨハラシ》 等《トウ》 ナリ

〔五帖御文 一ノ一四〕

と書かれています。

これらの諸山寺《やまでら》は、夫々《それぞれ》広大な荘園を持っていました。この中、豊原寺について、前の御文の解説の時に、少しお話しましたが、こういう寺々は皆、堂塔伽藍、甍を並べてその威容を誇っていました。ところが彼らの所有する荘園の荘民達が次々と吉崎へ通うようになったとしたら、どうでしょう？ 蓮如上人の教を聞く為に御布施はするが、荘園領主の大寺社に年貢を納める必要などない、と考え出したら、どうなりますか？

けれども蓮如上人にとって、遙かに警戒を要する相手は、守護、地頭でした。その時代、已に実力を以て、夫々《それぞれ》の地方を支配していたのは武士でした。荘園はもう大方、武家勢力に侵食されていました。蓮如上人は、そういう時代の趨勢を見抜いておられました。ですから、文明三年、大津出発以前に、朝倉孝景のもとに面談に赴いておられます。しかもそれは彼の守護職任官以前に、その情報を入手した上での素早い処置だったのです。

守護・地頭の偏執

諸山寺もさることながら、上人は守護地頭に対しては充分に神経を使われました。常に彼らとは誼を通じておられたわけですが、些《いささか》も彼らを刺戟しないよう配慮を怠りませんでした。

守護《シュコ》地頭《チトウ》ニヲヒテハカキリアル年貢《子ンク》所当《ショタウ》ヲ子ンコロニ沙汰《サタ》シ

〔五帖御文　三ノ一〇〕

これは本御文より二年後の文明七年の作ですが、門徒に対する同様の注意は、早くから発せられていたに違いありません。

荘園領主と同じように、守護、地頭は、年貢の取立てを当然の権利と心得ていましたから、百姓がこれを難渋しないよう、常に神経を尖らせていました。然し、荘園の枠を脱して、郷や惣村を作った農民達は、機会を見ては、支配者に対する反抗を試みていました。この傾向は、畿内、北陸、濃尾地方などで、南北朝時代から、次第に活潑化していました。やがて彼らは実力行使に訴えるようになり、それが土《つち》一揆、徳政一揆などと呼ばれるものです。

吉崎に御坊ができ、方々の惣村や郷の人々がここへ集まって来ると、彼らの相互の交流が生まれ、多数の講の連合体が結成されたのではないかと私は想像します。

さて、畿内各地に頻発した一揆には、一つの郷の住民だけでなく、近隣の数郷が結束して立ち上がったものもありました。文明十七年（一四八五）には、山城の国を挙げて一揆が起こり、武家を放逐して、国全体の自治制が確立しました。

教団強大化に伴う危険

然し土一揆がこれ程大きな規模を持ったことは、後にも先にも全くなかったのです。これに反し、吉崎を中心とする蓮如上人の教団は、越前の国境《くにざかい》を越えて、北陸全体、更にそれ以外の地域にまで拡がって組織されたのです。その門徒の中には、国人《こくじん》、国侍《くにざむらい》などと呼ばれる、多くの侍を従えた武士も混じっていました。守護、地頭達がこれに脅威を感じない筈はありません。

然し何よりも先々の危険を感じたのは、蓮如上人自身でした。自分が北陸へ居を移したのは、決して政治的、軍事的な大勢力となる為ではなかった。偏に佛法を弘める為である。「後生菩提ヲコト、スルカ《が》ユヘナリ」はどこまでも上人の本心です。

菩提を得ることによって佛になるのですが、上人自身が成佛されると同時に、それは衆生に後生菩提を勧めることでもあります。つまり佛法を弘めること、布教に従事することです。

吉崎到着以来、蓮如上人は衆生教化に全身全霊を傾けて来られた。その手段として、各地に講を作られた。それによって、郷や惣村の民の団結は、今までになく強力なものとなった。そして近隣の郷、惣村は相互に交流し合って、それらの協力態勢も強くなった。その協力の輪が、郡を束ね、一国を束ね、更に数ヶ国に亙って合同するようになった。その大部分は農耕に従事する者であるが、その他に名主、年寄、乙名など、彼らより身分の高い者は、一族郎党を従えて武士団を形成している。

こうして、蓮如上人の教団は、気が付いてみると、地方の一大軍事力、政治力に成長してしまっていたのです。上人が元々「本ト」しなかった「名聞利養」が、期せずして成し遂げられてしまっていました。

その時、都で浪人していた、即ち亡命中であった富樫政親が、故国加賀へ帰って、弟の幸千代と一戦交えようとしているという風聞が立ちます。（これは前の御文の解読に当ってお話しましたが、）この年、文明五年、吉崎は寺内町を挙げて、自衛の為、御山の要塞化に力を尽くします。次第に好戦気分が盛り上がって、稍《やや》もすれば、佛法聴聞の心が疎かになり勝ちです。

「見聞ノ諸人」とは？

本御文が、こういう緊迫した状況の中で認められたのだということを、充分慮《おもんぱか》る必要があります。

蓮師は吉崎到着以来、それ以前とは比べものにならない程、せっせと御文を著わして、浄土真宗の教義を説き、それを人々に読み聞かせて、信心を取るように声を大にして勧めて来られました。そして吉崎を中心とする北陸一体に、真宗の教えは急速に弘まって行きました。けれども、その一方で、守護地頭や、諸山寺を軽んじ、彼らを挑発するような言動を取る者も多くなって来ました。蓮師としては、彼らと事を構えたくない。それは危険極まりない。そんなことは、佛法の為にも、門徒の為にも、何の得にもならないではないか……そういう心配のあまり、とうとう吉崎の門を閉じて、門徒の来山《らいさん》を禁止する、という大英断を下されたのであります。

本御文は、こういう趣旨のお触れであります。然し果してこの文を書き記した高札が、御山の登り口とか、船着場に立てられたのかどうか、それは定かではありません。

ただ、本御文十三行目の「諸人」と、廿四行目の「諸人」とは、同じ人々ではないことに注意して下さい。前者は、吉崎へお参りに来ようとしている「道俗男女」即ち上人の門徒の人々です。後者は、そうではなくて、第三者達です。「見聞ノ諸人」とあるでしょう。吉崎詣でに集まるのを、或いは集まるということを、見たり聞いたりしている人々、つまり真宗以外の人々です。吉崎を快く思わない、時には恐れを抱いている人々です。……それは誰かと言うと、特に守護、地頭や、その家臣達、そして諸山寺の人々に他なりません。

本御文は、従って、結語の最後の文に於いて、趣旨が、がらっと変わってしまうわけです。蓮如さんは、そういう第三者達に向かって、「皆さん、どうか我々を妬まないで下さい」と言っておられます。けれども、「妬まないで」と言うよりはむしろ「それは皆さんの誤解です。私は名聞利養を考えているのではありません。後生の為に佛法を求めかつ弘めているだけです。心配しないで下さい。貴方方の権益を犯すつもりなどありません。吉崎に集まって事を起こそうなどと考えてはいません。その証拠に、こうして門を閉じて、誰も山へ登って来られないようにしましたから。ごらんの通りです。」……と言った趣旨でしょう。

確かに、初段、二段は、即ち書出しから廿二行目迄は、本御文の語りかける相手は、(吉崎へ)群集する諸人であるかのようであります。「アサマシキコトニハアラス《ず》ヤ」(十八行目)「ナニシニコノ在所へ來集セン」(廿一行目)も、その人達に対する布告であるかの如く感ぜられます。然しそういう門徒達が「偏執ヲナス」というのでは、意味が通じませんし、「見聞の」とあるからには、やはり吉崎の様子を眺めている別の人々です。

そうとすると、これは「お触れ」というより、第三者、不特定多数の人々への「お報《しら》せ」或は、「申開《もうしひら》き」の文と考えた方が、よさそうではないでしょうか?

とは言うものの、この御文が、守護、地頭や諸山寺へ宛てて、発送されたとも考え難いです。「人界ノ生ヲウケテ」「佛法ニ」逢ったならば、「念佛ノ信心ヲ決定シテ」欲しい、という説法の言葉を、蓮師が真宗以外の人々に述べるようなことはないでしょうから。

結局この御文の意図するところは、中々複雑であります。

以下に段落区分を表に示します。

- 第一段 実記録
  - 第一節 経過
    - 第一項　大津―吉崎　(1)文明第三…(6)アヒタ
    - 第二項　一宇建立　(6)年來………(9)建立シテ
    - 第三項　男女群集　(9)昨日………(11)群集セシム

- 「第二節 布告 ⑾トイヘトモ……⒀ト、ムル
- 第二段 事由
  - 第一文 根元 ⒁コノ在所……⒀ナレハ
  - 第二文 佛法ニアフ ⒂ソモソモ……⒅アラスヤ
  - 第三文 往生（？） ⒅シカルアヒタ……(21)來集セン
  - 第四文成敗 (21)コノ在所……(22)ヲハリヌ
- 第三段 声明
  - 第一文名利・菩提 (22)コレヒトヘニ……(24)ユヘナリ
  - 第二文偏執 (24)シカレバ……

折角、吉崎建立の章を学んだのですから、建立の経過を、月日を追ってもう一度復元してみましょう。

文明三年に於ける蓮師の事蹟

文明元年以来、蓮師は大津三井寺南別所に近松寺を建立して、一時《ひととき》の安息を得られましたが、翌年暮には、蓮祐夫人を亡くし、翌々年の文明三年二月には、五女妙意が十二歳で夭折、更に数日後、長女如慶が廿八歳で病歿するという不幸が続きました。

然し上人は終始教化布教に全力を傾け、一方で、吉崎移転の為、着々準備を進めておられました。同じ文明三年の年初に、次男蓮乗、四男蓮誓を北陸へ下らせ、前者は越中の土山《どやま》に一寺を建立、後者は吉崎の対岸、鹿島神社に入って、父君の来られる用意を始めています。

蓮師自身は、この頃、都で応仁の乱に参戦していた越前の将で、西軍に属していた朝倉孝景と会って、密談を交わしています。彼は武勇の誉れ高く、権謀術数家の東軍の総帥、細川勝元が、彼を何とか自分の陣営に引き入れようとしているのを知っておられたからです。片や蓮如上人は、長男順如の斡旋で、以前から将軍義政や細川と昵懇でした。然し孝景も中々の野心家で、簡単には動きません。虚々実々の駈引きが行なわれている真最中でした。事実上管領細川の虜となっていた将軍が、孝景に越前守護職の奉書を授けた五月に入って、よう〳〵彼は東軍に寝返ります。蓮師は已に冬の間からこれを見抜いておられたのです。そして内紛を起こしている東軍の守護職の斯波家よりも、朝倉が実力で越前を制するであろうことも、已に予見しておられました。

蓮如上人は、四月上旬、夜陰に乗じて、大津の浜へ迎えに出た堅田水軍に守られて、家族と別れ、数人の供を連れて、病床にあった水軍の頭目、法住の弟、法西の構える西浦の道場へ上陸されます。法西は、ここに御坊を建てて寄進致しますと言ったが、蓮師は比叡山の方を御覧になって、

「アレガ近キホドニ」

と辞退され、再び、水路、海津または塩津まで行かれ、そこから峠を越えて敦賀へ向かわれました。敦賀を早朝出港して、風向きがよければ、日本海を航行して、その日の中に北潟へ入って、吉崎へ上陸できます。

勿論、陸路を取ることも可能です。または近江の北から敦賀へは出ず、木ノ芽峠を越えて、今庄から国府（今日の武生）北ノ庄（今日の福井）など北陸道を通って、吉崎へ向かう方法もあります。兎に角、遅くとも四月半ば頃には現地に着いて、蓮乗、蓮誓の両子息、名主の大家氏、田島の興宗寺、和田本覚寺、叔父如乗の未亡人、勝如尼などに迎えられ、早速御山を検分されたでしょう。

（但し、上人の畿内出発はもう少し後で、南別所を離れた後、方々の門徒の許を訪れて、暇乞いをされ、五月に入ってから北陸を目指されたであろうという説もあります。）

文明《フンメイ》 弟三之《タイサムノ》 暦《レキ》 仲夏《チウカ》ノ コロ ヨリ 花洛《クワラク》ヲ イテ、同《オナシ》キ 年《トシ》
七月下旬之《シチクワチケシユンノ》 候《コウ》 ステニ コノ 當《タウ》 山《サム》ノ 風波《フハ》 アラキ 在所《サイショ》ニ 草《サウ》
菴《アン》ヲ シメテ

〔五帖御文二ノ三、御文全篇五十〕

「仲夏」は陰暦の五月であり、「七月下旬ノ候……草菴ヲシメテ」というと、已にこの時吉崎御坊建築が完成したような印象を与えます。

南別所出発後、直ちに北陸へ向かわれたのではないという説は、この御文などを根拠に唱えられているのですが、こうなると、二つの御文の間に、かなりの時日の隔たりが認められます。

左にこれを対称して見てみますと、

〈一ノ八などに基づく〉 —— 〈二ノ三などに基づく〉

南別所出発	四月初
吉崎到着	→ 四月半
吉崎周辺に講を作る	← 御山造成工事
御山で鍬入式	→ 七月廿七日
越前・加賀経廻	← 御坊建築工事
御坊完成	九月

畿内諸所を訪ねる	
花洛出発	五月
御坊完成	七月下旬

で、僅か四ヶ月の間に、日時の記述がこれだけ喰い違っているのは、何故か、どうも不可解であります。

けれども分からないままに、この異説について考えてみると、南別所を出て、畿内各地を廻られたことについて、「花洛ヲイテ《でて》、」とあるのが、一つの根拠となっています。花洛と言えば京の都であり、大津ではあり得ない。そして「初《ソ》夏上旬」と「仲夏」の間の時間のずれを、畿内巡錫で説明するわけです。

私には、上人が成否を賭けた、伸《の》るか反《そ》るかの北陸布教を前にして、敵意を隠さない比叡山の近くを、何度も往復されるとは思えません。また、門徒に暇乞いをすれば、当然、西浦の法西のように引き留められるではありませんか。

蓮師が直ぐには、北陸へ旅立たれなかった理由の一つとして、朝倉孝景の去就が中々定まらなかったからだとする学者があります。

孝景が将軍義政から越前守護職任命を受けて、ようよう東軍への寝返りに踏み切ったのは、確かに文明三年五月です。これを見極めるや否や、蓮師は北陸へ向かって出立したのだというのです。御文二ノ三は、その通り、「仲夏（＝五月）花洛ヲイテ《でて》、」となっています。

この記述がある以上、この仮説を否定してしまうことはできません。更に、「七月下旬ノ候ステ《で》ニ……草菴ヲシメテ」というのを、文言通り解釈して、造成・建築両工事共に已に七月で終了したとしますと、越前加賀経廻の為の日取は、とても考えられなくなってしまいます。つまり両御文の記述の矛盾は、どうしても不可避であります。

つまるところ、我々は、蓮師の行動について、この両者が、共に辻褄の合うような結論を導き出すのは不可能であります。ここに二者択一が迫られているので、私としては、吉崎御坊建設と大教団の成立という大盛事成立の為の必要最小限の条件を充たすものとして、御文一帖目第八通記載の系譜を採用する他ないと考えます。

解説があまりに長くなりましたので、文明四年以降の事績については、次の御文で検討することに致しましょう。

全篇四十八

四十八

第一段

或人申されけるは、此一両年の間加賀越前の諸山寺の内にある碩学達の沙汰し申さるゝ次第は、近比越前国細呂宜郷内に吉崎と申して、国ざかひに一宇をかまへられて、京都より念佛者の坊主下向ありて、一切の道俗男女をゑらばず集められて、末代今時者念佛ならでは成佛すべからずとて、諸宗をもはゞからずすゝめらるゝこと、今さかんなり、ときこへたり。これ言語道断のくはだてなり。たゞし、諸宗も我宗もいまは天下一同之儀にてあひすたれたりといへども、佛説なればむなしからざるがゆへに、此子細をもて両国の守護へ訴訟すべき由、内々人の申なるあひだ、あはれ此をもむきをかの吉崎へつげしらせたまひ候て、斟酌も候へかし、とおもふなり。我等も貴方に等閑もなき間、ひそかに申なりと。

第二段

此子細を当山中の多屋の内にものに心得たる人にかたりしかば、申されけるは、誠ニ以両国の諸山寺の碩学達申すむね道理至極なり。我等も吉崎も最初よりその心中にてありしかども、此在所あまりにすぐれておもしろき間、たゞ一年半年とおもふほどに、いまに在国せり。誠にかの吉崎はなまじゐに京人の身なるがゆへに、ならはぬすまゐをせられて、不相応なる子細これおほしといへども、彼多屋ノ面々抑留あるによりて、今日までの堪忍なり、更に庶幾せしむる分はなし。依之、道俗男女いく千万といふかずをしらず群集せしむるあひだ、かの吉崎もたれ〴〵も今の時分しかるべからざる由申て、殊ニ両国の守護方のきこゑといひ、又平泉寺豊原其外諸山寺の内の碩学達も、さぞ上なしにおもひたまふらんと、朝夕そのはゞかりあるによりて、当文明四年正月の時分より、諸人群集しかるべからざる由の成敗をくはへられしはそのかくれなし。これしかしながら、両守護諸寺諸山をおもんぜし心中なり。

第三段

雖然、其後道俗男女その成敗にかゝはらずして、かへりて申やうは、それ弥陀如来の本願はまさしく今の時のかゝる機をすくひたまふ要法なれば、諸人出入を停止あるときは、まことに弥陀如来の御慈悲にもふかくあひそむきたまふべき由を申す間、ちからなくそのまゝうちおかれつるなり。これ更に吉崎の心中に発起せらるゝところにあらず、たゞ弥陀如来の大慈大悲のちかひの、あまねく末代いまの機にかうふらしむる、佛智の不思議なり、とおぼへはんべるものなり。更ニ以我々がはからひともおもひわけぬ為躰なり。これによりて、あまりに道俗男女群集せしむる間、よろづ退屈の由申して、かの吉崎も近日花洛にかへるべき心中におもひたくみたまふあひだ、まづ去ぬる秋之比暫時に藤嶋辺へ上洛せらるゝ処に、多屋面々抑留あるに

27
よりて、先当年中は此方に居住すべき由、申さるゝところなり。あなかしこ〳〵。

文明五年十二月日

これまでは、五帖御文の中の何篇かを、熟読して来ましたが、今度は、五帖の中に含まれていない、俗に帖外御文と呼ばれている著作の中から、一篇取り上げてみましょう。

先の、一帖目第八通の御文解読の終りに、文明三年に於ける蓮師の事蹟を考えた後、文明四年以降については、追って検討しましょうと約束しましたので、これからそれをしようと思います。

文明四年が、吉崎閉門という、蓮如上人の驚天動地の決断で始まったことは先述の通りで、一帖目第八通が、当《まさ》にその御触れであったわけです。そして、出入禁止の理由は、吉崎へ集まって来る人々に、信心決定したいとの熱意が見られないからということでした。

ところが、この第八通の最後の三行あまりの所で、文意ががらっと変わってしまっているのは、前回指摘した通りであります。ここでは、門徒に対する御触れではなくて、(少々ややこしいですが)御触れを出したことの、第三者に対するお報せ、という文書になっています。

要するに、この大決断の真意がどこにあったのか、この御文では判然としません。それ故、今日は、このことを記述した帖外御文を一通読むことにしました。

御文と帖外御文

前にも申したと思いますが、膨大な数にのぼる御文の中から、八十通だけが選び出されて、五帖（五冊）に纏められたのですが、その編者については、古来論議されている中で、これを著者蓮如上人自身とする説もあります。そして私にもそう思われます。

五帖御文伝授

栄玄の言葉に、

一　蓮如上人山科殿にて実如上人へ御家督の義仰られ候ところに、実如上人再三御斟酌なされ候き。時に蓮如上人仰には、これほとに御家督の義仰られ候に、かたく御斟酌候こと、誠に世間にしては御親不孝にて候。佛法におひては師匠の命をそむかせられ候、と御意候。実如上人御返事には、一向御身体も御文盲の義にて候あひた、天下の御門徒のものをなにとして御勧化あらうする、と仰られ候ところに、蓮如上人仰には、御文盲についての御斟酌ならは、それをは御調法あらうするほとに、御領掌なされ候へ、と仰られ候により、すてに御領掌の事に候。しかれは蓮如上人五帖の御文被遊候て実如上人へまいられ、これに御判を居られて、天下の尼入（道脱か）へ御免あられ候へ、これにすきて佛法の義とては別にはおりやるましいそ、と仰られ候。これによりて実如上人御代にて京田舎ともに御文いよ〳〵肝要と仰いたされ候。

〔蓮如上人全集　言行篇（七九七）二六七頁〕

とあります。これを一応、現代語訳風にしてみますと、

蓮如上人は、山科本願寺におられた時に、（御子息の）実如上人に、家督を譲ると仰言ったところ、実如上人は、再三御辞退なさいました。

それについて、蓮如上人が仰せられるには、「これ程、家督を譲ると言っているのに、堅く辞退するなど、ほんとうに、世間的に見れば、親不孝である。佛法の上から言うと、師匠の命に背くことだ」というお気持でした。

実如上人は御返事として、「自分は全く文盲でありますから、天下の御門徒をどうやって勧化できましょうか」と仰せられました。

蓮如上人が、「文盲だからと言って辞退するのなら、それには方法があるから、承諾なさい」と仰言ったので、確かに承諾されることになりました。

そこで、蓮如上人は、五帖の御文をお作りになって、実如上人に渡され、判を押されて、「天下の在家の婦人達に、（拝読するのを）許しておやりなさい。これより以上に、佛法というものは、他にありますまいぞ」と仰せられました。

こういうわけで、実如上人の御代になって、都、田舎ともに、御文が、いよいよ大事であると、言われるようになりました。

蓮如上人が山科に本願寺建立を始められたのは、文明十年（一四七八）、六十四歳の年で、その

十一年後、延徳元年には、実如上人に後を譲って隠居されます。今述べた『栄玄記』に語られることの挿話は、その間のことでしょう。

五帖御文の編纂が、もっと後の時代に行われたのだと主張する人達は、文中にある「……五帖の御文被遊候て……」は、述者栄玄の勘違い或いは書き違いであろうとするのです。已に実如時代から、五帖御文が、しきりに書写されて、方々に弘まったので、御文と言えば即ち五帖御文のことと思い込まれるようになった。山科で、蓮如上人が、実如師に下附された御文は、その時上人の御手許にあった、未整理の原稿であって、五冊に纏められた、今日に伝わっている如き完成本ではなかったというのです。

栄玄は、大谷一流では、かなり傍系の出で、その生歿年も分かりませんが、彼の父が大永七年（一五二七）に五十二歳で死去していることから推測すると、彼が生まれたのは、蓮如上人歿後である可能性が大きいです。

ですから、蓮如上人が実如師に御文を授けられた、山科本願寺の中での一場面は、当然彼が人から伝え聞いたことで、その間に数十年の隔たりがあります。こうなると、その時、上人から実如師が引き継がれた御文が果して五帖御文だったかどうかというような細部に亘っての信憑性には、疑問があるかもしれません。

後の世に御文を

それ故、五帖御文編纂が、上人歿後のことだとする仮説も、あながち退けられないでしょう。

ただ、ここで、我々が深く心しておかなければならないのは、御文を後世に伝えたいという願望が、上人にあったということです。

二帖目第一通の御文も、

ノチノ　代《ヨ》ノ　シルシノ　タメニ　カキ　ヲキシ
ノリノ　コトノ　葉《ハ》　カタミ　トモ　ナレ

という和歌で終わっています。

我が亡き後は、御文によって、佛法が伝えられて行くように、という惟いです。

一　御文のこと。聖教はよみちかへもあり、こゝろえもゆかぬところもあり、御文はよみちかへもあるましきと、おほせられさふらふ。……

〔蓮如上人全集　言行篇（五二）〕

『蓮如上人御一代記聞書』にはこう書かれています。この書は、上人の第十男・実悟師が、上人面授の弟子達の記録を、一処に集め、纏め上げたものであります。師は明応元年（一四九二）生れですから、上人入滅の時、数え年でようやく八歳でした。それ故本書の内容は大方聞き伝えでしょう。但し何と言っても、上人の実子であり、『栄玄記』などよりは、ずっと信憑性は高いと言えます。

一　蓮如上人御病中、大坂殿より御上洛の《之》時、明応八二月十八日、さんはの浄賢処にて、前住上人へ対し御申なされ候、御一流の肝要をは、御文に委《ナシ》くあそはしとゝめられ候間、今は中まきらかす者もあるましく候、此分をよく〳〵御心得ありて、御門徒中へも仰つけられ候へと、御遺言の由に候。然は前住上人の御安心も御文のことく、又、諸国の御門徒も御文のことく、信をえられよとの支証のために、御判をなされ候事と云云。　〔蓮如上人全集　言行篇（三〇五）〕

蓮如上人は、御病気中なのに、大坂の本願寺を発って、京へ上られる途中、明応八年二月十八日のことだったが、三番の浄賢の所で、実如上人に向かって仰言《おっしゃ》いました。「浄土真宗の教について大切なところは、御文に詳しく書き表わしておいたから、今後は、教を言い紛らわす者も出て来ないだろう。こういうことを充分心に入れて、門徒一同に教えるように」と御遺言なさったそうです。

そういうわけで、実如上人の御信心も、御文に説かれているままの、また、諸国の御門徒の（信心も）御文に説かれているままの、信心の保証が得られるようにと、（御文に）自判をして（授けられた）とのことであります。

『蓮如上人御一代記聞書』の他の箇所には、こうも書かれています。分り易いようにと思った為に、少々意訳し過ぎたかも知れませんが、御文を以て、浄土真宗の、いわば教科書としたいという上人の熱意が、これらの言行録の中に窺えるでしょう。
同じ『聞書』の中に次のような條《くだり》もあります。

一　蓮如上人御病中に、慶聞に何そ物をよめと、仰られ候時《とき》、御文をよみ申すへきかと、申され候。さらはよみ申せと、仰られ候。三通二度つゝ六返《遍》よませられて、仰られ候、わか《我》つくりたる物《もの》なれとも、殊勝なるよと、仰られ、談《ナシ》せられ候。
〔蓮如上人全集　言行篇（一二五）〕

蓮如上人が御病気の時、（お弟子の）慶聞《きょうもん》に、何か読めと仰言ったので、「御文をお読みしましょうか」と言いました。「それなら読め」と仰せられました。三通も、各々二度ずつ、つまり、延べ六通お読ませになってから、仰言いました。「自分が作った物だけれども、よくできているよ」と仰せられて、それからいろいろとお話なさいました。

このように、上人は御文について、かなり自信を持っておられたことが分ります。更に別の箇所には、こうあります。

一　御文はこれ、凡夫往生の鏡なり。御文のうへに法門あるへきやうに思ふ人あり。大なるあやまり《誤》なりと云云。
〔蓮如上人全集　言行篇（一七八）〕

現代語風に書き改めるまでもないと思います。これを言い換えれば、「浄土真宗の教を会得するには、御文さえよく読んでおけばよい。宗祖親鸞聖人によって開かれた真宗の真髄は、凡て、御文の中に収まっている。自分は生涯をかけて、御文製作に、全力を傾注した。我が亡き後も、どうかこの教が弘まるように」――こういう切々たる上人の願が、御文の中に籠められています。

蓮師がこれ程の自信と責任を以て書残されたこの著述は、確かにそれに値するものがあったでしょう。

五帖御文編纂者?

五帖御文は、実如時代に数多く書写され、その次の証如上人の代になってからは開版されて、日本全国に行き亘りました。それは、全国の本願寺系の全真宗末寺、そして篤信門徒の家々に備え付けられて、朝夕勤行の終りに、必ず拝読される習慣が生まれました。この習いが性となったと言うべきでしょうか――親鸞聖人の正信偈、和讃と共に、五帖御文中の成句や言葉は、広く真宗僧俗の人口に、いわば膾炙して来たところです。

江戸時代を通じて、また明治以後も、宗門内では、数多くの碩学が、御文読解の為の著作に心がけ、どこの信徒の寄合でも、御文を基に、法話や示談が行われたのです。真宗門末は、当に御文によって育てられて来たのです。

但し、朗読されるのは、何時も五帖御文であり、研究・解説もまた然りであります。選に洩れた他の御文には、一般の関心は概して少なかったと言わざるを得ません。

そこで、先程の『栄玄記』の記述に戻りますが、蓮如上人が御子息実如師に手渡されたのは、五帖御文ではなかったという説についてですが、そうだとすると、それは偶然お手許にあった、整理されていない数十通の草稿本だったのでしょうか？

この説を唱える人々は、後世、全国に散らばっていた御文やその書写本が、丹念に本山へ集められて来て、そこで大がかりな編輯事業が行われたのだと主張します。勿論、その可能性も否定できないでしょう。

けれども、一方で、自作の御文が、浄土真宗開教の為に、必要不可欠であると確信しておられた蓮如師が、生涯に書き溜めた原稿を、ただ雑然と放置しておられたでしょうか？　先程も申しましたように、やはり教科の為の書物として、何らかの秩序ある体裁が必要だと考えられたに違いありません。ですから、私は、蓮如上人自ら、御文編纂を手がけられたと考えざるを得ないのです。そして、そのでき上がったものを、実如師に授けられたに違いありません。但しそれがそのまま、今日に伝わる五帖御文であるかどうか、つまりそれが後になって、幾分改訂が加えられていないかどうか、ということになると、何とも申し兼ねます。

五帖御文と帖外御文

実如上人以来、現在まで引続き用いられている五帖御文は、言うまでもなく五帖、即ち五冊に分れ、第一帖から第四帖までは、製作年代順に並べられ、第五帖は日付なしの物となっています。

年代順の配列というのも、一応意味のあることでしょうが、問題はむしろその内容にあると思います。御文著作の趣旨は、本来、文書による教化布教であります。それ故、それらを五帖に集録するに当たっても、特に浄土真宗の教義が、分り易く、また懇切丁寧に解説されているものが、選び出されたのだと私は感じます。またそれがいつの時代にも通用するように、なるべく抽象的、というか、普遍性のある章が、取り上げられているように思えます。それに反して、或る時期の、特定の状況の下に起こった、つまり、歴史性、具体性をもった作品は、あまり用いられていない感があります。

尤も、一概にそう言い切れないところもないではありません。この前に読みました一帖目第八通には、上人自身の大津から吉崎への移住の様や、吉崎閉門の事実が述べられているし、更にその前に読みました二帖目第一通では、多屋内方の信心決定という出来事を知ることができます。

他方、当時、様々な異義（＝異端）が弘まっていたので、これを諌める御文が多数書かれましたが、これは真宗教義を明らかにする上で、重要な文章であります。然し五帖に集録されたのは、比較的数少く、しかもそれらはかなり穏やかな調子のものに限られています。

要するに五帖御文には、なるべく中庸を得たものが選ばれていると言えそうです。蓮如上人は御文を、いわば真宗門徒の為の教科書、という気持で書かれたと感じられると前に申しましたが、その中でも、特にその目的に合致すると思われるものが、五帖の御文となったと見られます。そして、今日の五帖と全く同じかどうかは不明としても、上人が実如師に託された御文集は、これと同じ精神で選ばれたような気がします。

具体的な、或いは平たく言うなら、時に生々しい題材のものは避けた、というわけでしょうか？然しどちらかと言えば、そういう作品の方を、我々は読んでみたいもので……別にそれが理由ではありませんが、前回まで、文明三年以前の蓮師の動向を見て来ましたので、その後の歴史的状況にも目を向ける為に選びましたのが、俗に言う帖外御文で、昨年、私の許で編纂しました『蓮如上人全集・第二巻・御文全篇』の『四十八』番目の御文です。

ではともかく冒頭の原文に戻って読んでまいりましょう。

一読したところ、さ程難しくは思えませんが、とにかく語彙について考えます。

一　語彙

1　沙汰　【字義は米を水ですすいで砂をとりのぞいたり、砂を水ですすいで砂金を選びわけること】①理非・善悪を裁定すること。②特に、訴訟。〇③とりあげて、あれこれ論議し、穿鑿すること。④しかるべく処置すること。始末。⑤命令。お達し。知らせ。⑥教理。教義。⑦評判。うわさ。〈岩波古語辞典〉

5　言語道断《ごんごどうだん》　〇①言葉で表現しようのないこと。えもいわれぬこと。②極めて悪いこと。不都合千万。もってのほか。〈岩波古語辞典〉

5　一同《いちどう》　①同じであること。同一。〇②同じ状態になること。一様。③心を一つにすること。

同心。④【一同に（副詞的に）】揃って。一緒に。一度に。

7 をもむき　面向き　赴き＝お　様子

7 斟酌（斟くむ　酌くむ）①汲みはかること。○②時、場所・相手の気持などを十分に考慮しながら、はからい行なうこと。△③さしひかえること。はばかること。④遠慮して断わること。辞退すること。　〈岩波古語辞典〉

8 等閑無し　①いい加減にしない。なおざりにしない。○②うちとけて心安い。きわめて懇意である。　〈岩波古語辞典〉

12 不相応《ふさうおう》　①あるものとのつりあいがとれていないこと。ふさわしくないこと。
〈日本国語大辞典・小学館〉

13 庶幾《しょき》　○①（「庶」「幾」はともにこいねがうの意）望み願うこと。一途に希望すること。②（「庶」「幾」はともに近いの意）きわめて似ること。近似すること。
〈日本国語大辞典・小学館〉

13 堪忍　①こらえしのぶこと。困難な状況下に踏み留まること。
（用例として当にこの文が引用されている）

15 きこゑ（きこえ）　名　うわさ。とりざた。人聞き。○評判。〈新明解古語辞典・三省堂〉

16 上《うへ》なし　①この上に立つものがない。無上である。最上である。○②上を恐れないこと。無遠慮。

16 はゞかり　憚り　㊀　四段　①さしさわりとして敬遠する。遠慮する。②相手を気にして、さしひかえる。③周囲にさしさわりとなる程一杯にふさがる。大きくのさばる。④はびこる。幅をきかす。㊁名 ①（神などに対する）恐れ。慎み。○②遠慮。ひけめ。③さしひかえるべきこと。失礼にわたること。④【人の親切に対して恐縮に耐えない意】⑤【人目を憚る所の意】便所。

18 かくれなし（隠れなし） 形 ○①広く知れ渡っている。②残るところがない。〈新明解古語辞典・三省堂〉

18 しかしながら〔然しながら・併しながら〕 ㊀ 副詞 ①そうあるまま。そのまま。②そのまま全部。すべて。○全く。㊁ 接続 ①要するに。結局。②しかし。けれども。〈岩波古語辞典〉

19 かゝはる（係はる・関はる） ①関係する。②拘泥する。ひきずられる。〈新明解古語辞典・三省堂〉

21 ちからなし（力無し） しかたがない。やむをえない。〈新明解古語辞典・三省堂〉

24 おもひわけ 〔下二〕 あれとこれとは別だと心の中で考える。区別する。○判断する。

24 為体《ていたらく》 ようす。ありさま。〈岩波古語辞典〉

25 退屈 ○①うんざりして、やる気がなくなること。飽きていや気がさすこと。②つまらなさ、所在なさにくたびれて身をもてあますこと。〈岩波古語辞典〉

二　段落と分析

このあたりで、語彙は一応明らかになったとしましょう。そこでもう一度原文を見ますと、冒頭に

初段・注進

「或人申されけるは」

とあり、文末に、

「申さるゝところなり」

となっています。どうも、何人かの人々の語ったことを書き留めた、という感じに文全体が作られたようです。戯曲ではないけれども、台詞が幾つか書き出されたみたいになっています。

そこで、原文を更によく見ると、八行目にも「申なり」がありますが、ここまで全部がこの「或人」の台詞です。

「或人」は勿論三人称単数ですが、台詞となれば、当然それは一人称である筈です。で、それは何かと言うと、同じ八行目の「我等」という複数形の主語となっています。

この台詞は誰に対して言われたのでしょう？　それも、やはり八行目にある「貴方に」であります。この「貴方」とは誰かと言えば、八行目から九行目にかけての「当山中の多屋の内にものに心得たる人」という三人称の語です。

三人称の部分は、筆者自身の言葉で、つまり台詞ではない、地の文です。それは、

或人申されけるは、
……と。此子細を當山中の多屋の内にものに心得たる人にかたりしかば、申されけるは、です。
「或人」の台詞は、右の二つの地の文に挟まれた箇所全部、「此一両年……ひそかに申なり」であります。（人物が沢山現われるので、「或人」を一応「イ」とします。）
「或人」はこの台詞の中で、他の人々の言を紹介しています。（ここに、わが国語特有の主語などの省略が行なわれているので、様々な解釈の仕方がありそうですが、先ず私の考えを述べさせていただきます。）――名前の出て来ない、「或人」の知人の一人である誰か（これを一応「ロ」とします）が、「碩学」と呼ばれる人達の話し合いの内容を、更に紹介しています。㋺は㋑に対して、
①此一両年の間……申さるゝ次第は
として、以下のことを報告します。（碩学達を「ハ」とします。）彼らの話は
②近比越前国……⑤言語道断のくはだてなり
かと思います。

そこでこれを聞いた「人」（これは七行目にあります。この「人」を「ニ」としましょう。）それは談合していた碩学の中の一人と看做せないこともありませんし、また「人」は、実は単数ではなく、複数、つまり「人々」だと解して、碩学達みんなだとすることもできるかも知れません。私は一応㋩と㋥を別人と考えて、「碩学達」の話を聞いて、
⑤たゞし、……⑥すべ（し）

と、蓮如上人の許で繁栄する吉崎のことを、㊁は㊇に向って、両国（越前と加賀）の守護に（内々）訴え出るよう勧めます。

そこで㋑＝或人は、この一大事を、吉崎「多屋の内にものに心得たる」彼の知已に、注進に及びます。

㋑＝或人の台詞の終りは、

⑦由、内々人の申なるあひだ、……⑧ひそかに申なり

です。

①此一両年……⑧ひそかに申なり

というのが、長い㋑の台詞ですが、その中に㋺、㊇、㊁、の台詞も全部含まれているわけです。即ち㊁が訴訟しようとしているのを聞いた㋺が、これを更にイに伝え、そしてイが、多屋の誰かに言いに来たということです。（或いは、これらは私の考え過ぎで、単純に、諸山寺の人々が、吉崎のことを、守護達に訴え出ようと謀議しているのを知った「或人」が、吉崎多屋へ報せに来たと読むこともできるでしょう。）

けれども、私としては、或人（㋑）が、㋺、㊇、㊁、の三者の言葉を、凡て自分の台詞の中に含めて、多屋の人（これを一応ホとしましょう）に伝えたと理解します。

また、㋑自身の言葉の中でも、

⑦あはれ此をもむきを……斟酌も候へかし

の部分は、㋑から「吉崎」（＝蓮如上人）に話したい独白とすることもできるでしょう。

以上、我等（一人称）が、貴方（二人称）に語った言葉、一行目から八行目までを、初段（注進）とします。かなりややこしい構成で、もう一度、表にして書いてみます。

〔地の文　①或人申されけるは、
⑧と
㋑→㋭　①此一両年……⑧ひそかに申なり〕

㋺→㋑（或人）　①此一両年の間……沙汰し申さる、次第は
㋩（碩学達）　②近比越前国……⑤言語同断のくはだてなり。　㋺
㊁（人）→㋩（碩学達）　⑤たゞし……⑥訴訟すべ（し）
㋑（或人＝我等）→㋭（貴方）　⑦由、内々人の……⑧ひそかに申なり
（㋑の独白　⑦あはれ此をもむき……斟酌も候へかし⑧）

第二段・成敗

このあとは、ずっと最後まで、或人（㋑）の対話者（㋭）の発言内容となっています。或人という三人称は、八行目で「我等」という一人称に変わっています。話し相手の方は、当然「貴方」と二人称ですが、地の文では、「当山中の多屋の内にものに心得たる人」という長い三人称となり、十行目で、（これは㋭自身の台詞ですから）「我等」と一人称になって、以後は、もう人称表記があり

ません。また、両者とも「我等」ですが、この言葉は単数として使われることもあり、そうでなくても、いくらか暈した表現で、㋭の場合でしたら、「蓮如上人の側近である我々」というような意味合いを込めていると考えたらよいでしょう。

㋭の台詞の中で、……をおもんぜし心中なり（十八行目）までを、第二段・成敗と致しましょう。ここで、一帖目第八通と同じ問題の諸人出入禁止の御触れが明記されています。その出されたのが、「文明四年正月」（十七行目）と、もはや疑いの余地はありません。但し一帖目第八通は、「当年ヨリ」とあり、当御文の書かれたのが、「文明五年九月」です。この食い違いが問題ですが、この件は一応後廻しにして、この部分の台詞について考えましょう。

九行目の「誠ニ以……」以下凡て㋭の台詞ですが、強いて言えば、

今の時分しかるべから（ず）　十五行目

諸人群集しかるべから（ず）　十七行目

は吉崎、即ち蓮如上人の言を引用したものです。

第三段・抑留

「雖然」（十八行目）から文末までを、「第三段・抑留」としましょう。その中で、（十九行目）それ弥陀如来の……「ふかくあひそむきたまふべ（し）」（二十一行目）は、吉崎に参詣する「道俗男女」（これを一応㋬としましょう）が、吉崎即蓮如上人に向かって言った不服で、その後から、「道俗男女群集せしむる間」は、㋭に対する㋑の、言而生の言葉、二十五行目の「よ

ろづ退屈」は吉崎の言、以後
　㉕の由申して……㉖抑留あるによりて
は再度㋭から㋑への直接の話、そしてまた最後の行の
　㉗先当年中は此方に居住すべ（し）
は、吉崎の言を伝えたわけです。
　では、初段の如く、第三段を表示してみます。

㋭（多屋の人）→㋑⑱（或人）雖然……⑲かへりて申すやうは
㋬（道俗男女）→吉崎　⑲それ弥陀如来の……㉑あひそむきたまふべ（し）
㋭→㋑　㉑由を申す間……㉔道俗男女群集せしむる間
吉崎　㉕よろづ退屈
㋭→㋑　㉕の由申して、……㉖抑留あるによりて
吉崎　㉗先当年中は此方に居住すべ（し）
㋭→㋑　㉗由、申さるゝところなり。

　このように幾つもの発言、対話の連続を報告する文章を書くのは、中々煩瑣であり、「由」「間」「申やう」などの反覆語がそれを重苦しくしがちであります。これは現代語でも、全く同様です。そして読者も読みづらく、誰が、誰に、何と言ったか、充分気を付ける必要があると思います。兎

も角、一応、現代語風に書いてみます。

三　文　意

【第一段】或人が言うには、「加賀や越前の由緒ある社寺の碩学達が、ここ一、二年の間、種々話し合っておられるのを聞くと、近頃、越前の国細呂宜《ほそろぎ》の郷の中の、吉崎という国境《くにざかい》に、念佛の宗旨の一住職が、京都から下って来られて、一寺を建立し、僧侶も俗人も、男女誰きらわず集められて、末法の世の今時《いまどき》には、念佛でなくては成佛《じょうぶつ》できないと、他宗のことなど遠慮もせず、教えを始められたが、それが今盛んに弘まっているということだ。実に大変な教化方法を考えられたものだ。

そうは言っても、余所《よそ》の宗も、我々の宗旨も、現在はどこもかしこも、同じように廃《すた》れているが、すべて佛陀釈尊の教えなのだから、真実でないわけがない。それで詳しい事情を、越前、加賀の守護に訴え出ようと、内々に人が言っているので、あゝ何とかして、此の事態を、あの吉崎の御坊へお報せして、考慮して下さるようにしなければ、と思うのです。私共も貴方様と昵懇の間柄ですから、そっとお耳に入れるのです。」

【第二段】こういう事情を、この人は、当山中の多屋の中で、分別ある人に語るのでした。すると、話を聞かされた人の方は、「誠に、加賀越前両国の由緒ある社寺の碩学達の話の内容は、至って道理に合ったことです。我々も、吉崎の御坊も、最初からそういう考えでしたけれども、此の在所があまりにもきわ立って景色がよいので、ほんの一年か半年《はんとし》と思っている中《うち》に、今まで滞在してしまったのです。ほんとうにあの吉崎の御坊は、なまじっか京都人なものですから、慣れない生活をして、身にそぐわない差し障りが多いのだが、あの多屋の人々が引留めるので、今日まで耐え忍んで来たのです。全く他意はありません。

そこで、道俗男女が幾千万とも数知れず集まって来るので、吉崎の御坊も、その他の人々も、今の時期には適当でないと言って、殊に、両国の守護の方の評判も悪いし、また、平泉寺や豊原や、其の他方々の諸山諸寺の碩学達も、さぞ、無遠慮だなと思っていらっしゃるだろうと、何時も気遣いがあるので、文明四年正月あたりから、「皆、集まって来てはならない」という決定を下したのは周知のことです。これは全く両守護や諸寺・諸山を重んじたからであります。

【第三段】ところが、その後、道俗男女はその決定に従わず、かえって言うことには、「阿弥陀如来の本願は、正しく、今のような（末法の）時代の、このような能力の（衰えた）衆生をお救いになる大事な教えなのだから、みんなの出入を禁止するとなれば、実に弥陀如来のお慈悲に背いてしまうことになります」と申しますので、已むを得ず、そのまま放って置かれたのです。これは決して吉崎の御坊の考えによるものではなく、ただ阿弥陀如来の大慈大悲の誓い（＝本願）は、広く、末代である現在の衆生に授けられる、佛智の不思議である――と考えられるのです。全く、我々の思い計らいでは分別できないことです。

そういうわけで、あまりにも大勢の道俗男女が集まって来るので、「すっかりうんざりした」と言って、その吉崎の御坊も、近日京へ帰ろうと思いめぐらせて、今年の秋頃、一先ず藤島あたりまで行ったところ、多屋の人々が引き留めたので、「兎も角、今年の間は、こちらに滞在するとしよう」と申しているわけであります。」

文明五年十二月　日　　　　　　　　　　　　　　　　　　　　敬　具

諸山寺への配慮

これは、他の御文のような、「法話」を書き留めたものではありません。信心を奨め、報恩感謝を説いているわけでもありません。かと言って、本来の意味での「手紙」であるとも言えないようです。

不特定の二人の人物の対話、そしてその各々が、また別の数人の発言を、彼らの話の中で紹介している——といった内容のものです。

二人の対話者の中の一人（これを私は仮に㋑と名付けました）は、諸山寺（つまり北陸地方で、従来から大きな勢力を持つ旧佛教諸宗）が、蓮如上人及び繁栄する吉崎に羨望と脅威を感じて、加賀・越前の両守護に働きかけて、武力弾圧を加えさせようとしているから用心しなさい、と忠告しています。

それを聞いたもう一人（これを私は一応㋭としました）は、蓮如上人の最近の行動を語って、そういう非難の謂れなきことを証明しようとしています。

その行動とは、

一、文明四年正月から、吉崎参詣を禁止した。

二、文明五年秋に、吉崎を引き払って京へ帰ろうとし、藤島まで行ったが、留められて、吉崎へ戻った。

ということです。即ち諸山寺を刺激しないよう最大の努力を払って来た。然し諸般の状勢が思うに任せぬ。どうかそれを理解して貰いたい……。

これは実際の話でしょうか？ 特に証拠があるわけではありませんが、私にはこの両対話者は仮定の人物であるように思われます。同様にその他の、「人」というように漠然と表記されたり、或いは主語さえも書かれていない発言者は、凡て仮設のものと思います。けれども、「碩学達」「道俗男女」は実在であり、また彼らの言動も、この通りであったと思います。そして「吉崎」、つまり蓮如上人は、著者自身ですから、その言動も事実と見てよいでしょう。

〔つまり、諸般の状勢を二人の仮設の人物対話という形で分り易く解説した文章と言えます。〕

ところで、「諸山寺《ショヤマテラ》」については、例えば五帖御文・一帖目第十四通に、

越中《エチチウ》 加賀《カカ》 ナラハ 立山《タテヤマ》 白山《シラヤマ》 ソノ ホカ 諸山寺《ショヤマテラ》 ナリ 越前《エチセン》
ナラハ 平泉寺《ヘイセンシ》 豊原寺《トヨハラシ》 等《トウ》 ナリ

とあって、これら真宗以外の寺々を、念佛者たる者は誹謗してはならないと戒めています。文明五年九月下旬に書かれた御文で、当御文全篇四十八より三ヶ月先立っていますが、このような指摘は、

吉崎御坊を描いた古絵図（滋賀・照西寺蔵）

その他の御文にも多く見られるところです。

上人の門徒達が、これら由緒ある寺院に敵意を示せば、当然相手方も吉崎御坊に敵意をもって報いて来るわけで、これは危険な事態になりかねないし、しかもそれは全く無益な争いではないか——というのが上人の気持でした。

畿内や近江にあった時、上人が、長年に亘って比叡山から蒙《こうむ》けた執拗な迫害は忘れようにも忘れられないことでした。比叡山は、近江に多くの荘園を持っていました。その国で、大勢の人々が本願寺の門徒となると、それは延暦寺にとって、精神的にも、経済的にも脅威となるわけで、そういうことから、両者は必然的に敵対関係となってしまったのです。

今や吉崎に「道俗男女」が「群集」するとなると、北陸地方で荘園領主であった、前記の「諸山寺」は、やはり、比叡山と同じような立場に立たされるので、その問題に蓮如上人は悩まれました。

世の中の動き——農民反抗の気運

南北朝以来、徐々に社会的上昇を続けて来た農民の中で、多くの土地を所有するようになった者達は名主と呼ばれ、彼らは彼らの土地を区分して、作人《さくにん》と呼ばれる他の百姓達に耕作させ、作人達は更に「下作人《げさくにん》」と言われる人々を使用するというような身分の分化が進みましたが、農業の発達に伴って、彼らの社会的地位は総体的に高まって行きました。有力な名主は農耕を離れて武士化し、中には多くの家臣を従えて、国人《こくじん》、国侍《くにざむらい》などと呼ばれる有力な在地勢力も生まれました。そして農民達は協同の意識をもって結束力を強め、郷とか惣村とかいう地域社会を形成して、農村の自主運営が行われるようになりました。そしてその運営を取り仕切ったのは、前にも述べたように、彼らの間から選ばれた、長《おとな》・年寄《としより》などと名付けられる富農出身の人達で、その人達は、定期的に、惣村内の住民を集めて寄合を開き、田の灌漑や山間部の入会権の問題を解決して、それぞれの地域のいっそうの繁栄を図ったのです。同時に、守護や荘園領主達の苛斂誅求《かれんちゅうきゅう》に、団結して反抗することもありました。

蓮如上人は吉崎へ来られて、こういう寄合を基《もと》に、「講」を結成して廻られたのだと思います。ただ弥陀一佛に縋ることで、来世は極楽に往生し、佛の覚を得るのだという上人の教に、農民達は欣喜雀躍しました。身分の低い彼らも、平等に成佛できる。否、阿弥陀佛の救いを願わなければ、領主や守護でも往生できないのであれば、後生に於いては、むしろ我々の方が勝るのではあるまいか？

已に協力一致して、苛斂誅求に抗議を試みつつあった彼らは、蓮師の教に、この上ない指導原理を与えられたのでした。

吉崎の教団の飛躍的拡大

一　蓮如上人つね〳〵仰られ候。三人まつ法義になしたきものかある、と仰られ候。その三人とは坊主と年老《としより》と長《をとな》、と此三人さへ、在所々にして佛法本付き*候はゝ、余のすえ〳〵の人はみな法義になり、佛法繁昌てあらうするよ、と仰られ候。　〔蓮如上人全集　言行篇（七九二）〕

＊　本付き（もとづき）依るべき本としてそれにつく。依拠する。〈岩波古語辞典〉

これは栄玄が書き留めた蓮師の言葉ですが、それぞれの地域の指導者である長達《おとな》は、諸手を挙げて上人を彼らの寄合にお招きしたのでしょう。彼らはこの浄土の教えの許《もと》に、彼らの配下にある住民達を、いっそう力強く結び付けることができると確信しました。集まった人々は、即座に上人の門徒になったことでしょう。

然し、思慮深い人間は世の中には多くいないものです。法話を少しばかり聞いただけで、もう一廉《いっかど》の信心家になったつもりの人間も少なくなかったのでしょう。越前や加賀で、次々に作られてゆく「講」に集まった人々の中には、真宗以外の諸宗、差し当り、平泉寺、豊原寺、白山などを貶《けな》したり、守護達に反抗しようと考えるような者も出て来たのではないかと思います。

浄土真宗の教を弘める為に、蓮如上人は吉崎へ来られたのですが、それによって、社会に混乱を惹き起こしてはならない——この帖外御文は、そういう上人の気持を、中外に闡明するべく起草されたものでしょう。この態度表明は、吉崎滞在中、繰返し為されています。五帖御文中の二帖目の第六通などでは、更にはっきりと上人の立場が読み取れると思います。

二帖目第六通

抑《ソモ／＼》 当流《タウリウ》ノ 他力信心《タリキシンシム》ノ ヲモムキヲ ヨク 聴聞《チヤウモン》シテ 決定《クヱチチヤウ》セシムル ヒト コレ アラハ ソノ 信心《シンシム》ノ トホリヲ モテ 心底《シムテイ》ニ オサメ ヲキテ 他宗《タシユ》他人《タニン》ニ 對《タイ》シテ 沙汰《サタ》ス ヘカラス マタ 路次《ロシ》 大道《タイタウ》 ワレ／＼ノ 在所《サイシヨ》 ナントニテモ アラハニ ヒト ヲモ ハヽカラス コレヲ 讃嘆《サンタン》ス ヘカラス ツキニハ 守護《シユコ》 地《チ》 頭方《トウハウ》ニ ムキテモ ワレハ 信心《シンシム》ヲ エ タリ ト イヒテ 疎略《ソリヤク》ノ 義《キ》 ナク イヨ／＼ 公事《クシ》ヲ マタク ス ヘシ マタ 諸神《シヨシン》 諸佛《シヨフチ》 菩薩《ホサチ》 ヲモ ヲロ ソカニ ス ヘカラス コレ ミナ 南无阿弥陀佛《ナモワアミタフチ》ノ 六字《ロクジ》ノ ウチニ コモレル カ ユヘ ナリ コトニ

13 ホカニハ王法《ワウホウ》ヲモテオモテトシ内心《ナイシム》ニハ
14 他力《タリキ》ノ信心《シンシム》ヲフカクタクハヘテ世間《セケン》ノ
15 仁義《シンキ》ヲモテ本《ホン》トスヘシコレスナハチ
16 當流《タウリウ》ニサタムルトコロノオキテノヲモ
17 ムキナリトコヽロウヘキモノナリアナカシコ〳〵

文明六年二月十七日　書之

この文を、一応、現代語風に書いてみますと、

抑々、浄土真宗の他力信心の教の意味を、（法座に連なったりして）何度もよく聞いて、信心がはっきり定まったならば、その通りの信心を心の底にしまっておいて、他の宗旨の人々に対して、真宗の教義を語るべきではない。また、旅の途中の街道筋や、我々の在所などでも、あからさまに、人に遠慮もしないで、この教を褒め称えたりしてはならない。

次に、守護・地頭の方に向かっても、「自分は信心を得たのだから」と言って、軽んじることなく、賦課・夫役の義務を果しなさい。

また、諸神・諸佛菩薩も疎かにすべきではない。（神佛を崇めるのは）みんな、南无阿弥陀佛の

六字の中に籠っているからである。
その外《ほか》では、特に、対外的には社会の法を立て、内心には深く他力の信心を保持して、世間の道徳を旨とすべきである。これが、とりもなおさず、我々の宗門で定めている掟の趣旨なのだと心得ておきなさい。
文明六年二月十七日に、これを書く

オモテニ王法・内心ニ信心

この二帖目の第六通を読むと、これはまるで、御文全篇四十八の延長線上にあるような感がします。両者の製作年代には、二ヶ月或いは二ヶ月半の隔りしかありませんが、北陸の状勢が、急速に緊迫して行くのが分ります。それはつまり著者である蓮師の危機感が強まっているということでもありましょう。双方を比べて見て、二帖目第六通の方が、表現がより具体的になっています。

蓮師の吉崎下向以来、彼の門徒になった人々が、公然と公共の場で布教宣伝を行うようになった。それは同時に、他宗を貶《おとし》めることでもありました。

また、守護・地頭等に租税を滞納し始めた。これは上人をはらはらさせることになりました。本願寺系の真宗門徒達に武力弾圧を加える口実を彼らに与えることになるからです。

そこで上人は、第六通の終りの方、十三行目以下に、門徒に対し具体的な指示を与えています。即ち、信仰は心の中に秘めておくべきもので、外面的には、世間一般に通用する道義を守らなければならないというのです。

誠にこの上なく貴重な金言であると思います。これはこの時世の真宗門徒にとって、しかと心すべきことでした。然しその当時だけではなく、いつの時代でも、宗門の人間の以て銘すべき金言ではないでしょうか？　いえ、真宗に限らず、如何なる教を奉ずる者でも、世界中どこでも、この心がけは必要だと思います。

蓮如上人は、後生に於いて、すべての人々が等しく救われなければならないと教えられたのです。換言すれば、現世と来世を混同してはならないということです。人間は佛の前に平等なのであって、この世の中の為の社会思想ではないのです。現世に於いては、飽くまで「王法」「仁義」を重んぜよと教えられたのです。

蓮師の教と農民の団結

けれども、考えてみますと、文明三年の北陸下向の後、蓮師が、越前、加賀で結成して廻られた講は、郷や惣村の長達《おとな》に誘いかけて為されたものではなかったでしょうか。当然、彼らの主催する寄合が、講に移行したと考えられます。寄合では惣村運営の諸事万端が決められた中に、当然、守護・地頭への賦役が話し合われました。自己に目覚め始めた彼らとしては、その軽減を要求する気持で一致していました。

年寄、長を中心に寄り合う郷や惣村は、農民の団結、共同体意識を強めていました。それは荘園領主や守護など、支配者に対する抵抗の組織だったのです。そこに現れた蓮師は、彼らの目には、偉大な抵抗運動の指導者と映ったのではないでしょうか？　上人が如何に魂の救済、つまり後世の幸福を説かれても、彼らはやはり現世の様々の桎梏を脱しようという欲求が強かったのです。

文明三年の秋に吉崎御坊が出来上がって、人々がお参りに来ようとするかしない中に、雪が降り始めて、やがて街道は凡て積雪に閉ざされてしまいます。その僅か一、二ヶ月の間に、群参して来る門徒の様子を見て、蓮如上人は危険を察知されました。守護や荘園領主に反抗しようという気運が、彼らの間に弘がっていたのでしょうか？

「仮にも吉崎が一揆を起こそうというような謀議の場となっては大変だ」——そこで翌年の正月早々、雪解けよりも早く、

「諸人群集しかるべからず」（全篇四十八・十七行目）

という触れが急遽出されたのです。

けれども、蓮如上人の許へ集まって来た人々の間に、実際にそれ程不穏な空気が漂っていたのでしょうか？　その点、私は少々疑念を持っています。応仁の乱前後、分裂抗争の為に弱体化して来た支配階級に対して、畿内及びその周辺では、土一揆、徳政一揆が頻発して、それらが目的を達成したことも度々ありました。北陸地方でも、身分上昇を遂げて来た農民は、確かに彼ら自身の力に自信を持ち始めていました。

然し自己に目覚めたことによって、宗教的、文化的、つまり精神的な渇欲も旺盛になっていたのです。蓮如上人の教が、乾き田に水の如く、瞬時にして北陸の大地に沁み通ったのは想像に難くありません。鎌倉佛教の諸宗派は、勿論この地でも、大いに伝道を繰り拡げていました。然し蓮師の

徳の高さ、信の深さに、他の佛門の人々は遠く及ばなかったのです。

とは言うものの、精神的満足のみを人間は求めるものではありません。現世の利福にもやはり大いに関心を抱くものです。その点上人は、少々理想が高過ぎたのではありますまいか？

以上はいわば内面的な問題ですが、それでは外部的に見て、吉崎御坊が建立されたばかりで、そそくさと寺門を閉めてしまわなければならない程、険悪な状勢になったのでしょうか？

二帖目の六通、五、六行目にあるように、「路次」「大道」「在所」で、今日の言葉で言うなら、「アジる」というようなことが、盛んに行われたのでしょうか？　一方、諸山寺の会合などで、守護の方へ、吉崎を告発しようというような話し合いがなされたのでしょうか？

勿論これらはかなり事実だったと思います。門徒についても、諸山寺についても、蓮師の諜報網は素早くその動向を摑んでいたものだと感心させられます。

四　外部事情の変化

文明五年までの北陸での状勢

とは言いながら、こういう記述を、ただ鵜呑みにするのはどうかと思います。第一、吉崎閉門は文明四年の正月であり、両御文（全編四十八、二帖目第六通）は文明五、六年の年の暮と年明けに書かれていて、この二年間の間に国々の状勢はかなり変化しています。

（話があまり長くならないように、最初から結論的に申しますと）御文全篇四十八は、文明初頭の北陸の状勢を表記していると思います。つまり、諸山寺が、吉崎の立上げに警戒感を抱き、守護など、当地の武家勢力に訴え出ようかと考えた――それで蓮師は、危険を感じて、取敢えず、門徒の出入差止めを命じた。

けれども、当時、これらの旧佛教諸刹は、混乱していて、内部分裂も起きていました。ですから、種々協議されたとしても、実際には、そういう反対運動は起こらなかったようです。

次に守護についてですが、文明三年五月、朝倉孝景は、東軍に寝返ると共に、越前守護に任ぜられたのは前述の通りですが、かつてから、彼と共に西軍にあって守護代であった甲斐常治と、それ以来、敵対関係となり、越前各地で、熾烈な合戦を繰り拡げます。両者共に、そういうわけで、吉崎のことに干渉する暇はありませんでした。

一方、加賀の方では、様々の経緯《いきさつ》の後、富樫幸千代なる者が、一応国全体を支配しました。然しまだ体制を固めるには至っていませんでした。彼の実兄・政親が、その為都へ出奔してしまったことも、二帖目の第一通解説の時に少し述べましたが、細川勝元らが彼に帰国するよう唆《そそのか》します。然しそれは文明五年に入ってからのことで、この段階では、加賀は未だ小康を保っていました。ですから、越前・加賀両国の守護達が、文明四年には、吉崎に武力行使するような危険は殆どなかったと言ってよいでしょう。

何よりも、この唐突な吉崎閉門に、驚き、かつ不満だったのは、遠路はるばる参詣に来た門徒達だったでしょう。この禁令を、一日も早く解いていただきたいという懇請は、かなり強く、熱心に行われたに違いありません。そのことが、全篇四十八の十九行目以降に語られています。

その中《うち》に、恐らく蓮師の側近の人々の間でも、外部からの危難は、起りそうにないという観測が固まって、出入停止《ちょうじ》解除となったのでしょう。但し、今後、二帖目の第六通にあるように、

㈠路次、大道などで勝手に真宗の教義を語らないこと
㈡守護、地頭への賦課を怠らないこと
㈢諸神、諸佛を疎かにしないこと

などを、門徒一同に誓約させられたかとも思います。

尤も、文明四年の時点では、或いは、漠然と、「銘々の言動を慎むように」という程度のものだったかも知れません。

上人自ら「オキテ」と名付けられた数ヶ条に及ぶ戒めは、次々表された御文に於いて繰返し指示されています。けれども、そういう明確な形を取るようになったのは、文明五年九月以降の模様です。

要するに吉崎出入停止が行われたのは、文明四年であるのに対し、その処置が語られるようになったのは、一年半乃至二年経って後のことなのです。

この事実と記述のずれを、一体どう説明したらよいのでしょうか？

それは文明五年後半から、吉崎が新たな危機を迎えそうになったからです。尤も四年の段階では、「杞憂」と言っては言い過ぎかも知れないが、少々心配し過ぎだったのですが、今回は本当に憂慮すべき事態に直面したのです。

牢人出張の儀

それは何かと言えば、前に引用しました全篇三十六の御文にある「牢人出張の儀」、即ち富樫政親が、京から戻って来るという情報です。加賀一国が戦乱に巻込まれかねない危険が迫ったのです。

北陸中は、これで鼎の沸くような大騒ぎになりました。応仁の乱始まって以来、西軍方だったこの地方の中で、東軍に寝返った越前の朝倉孝景は、一年程かかって、やっと西軍の甲斐常治に打ち克って、これを加賀へ追い出します。その加賀へ、今度は政親が下って来て、越中の東軍の援助を受けて、西軍の幸千代に戦いを挑もうというわけです。つまり北陸一帯の支配権を賭けて、東西両軍が加賀で決戦するという事態となりました。

さて、文明四年の正月に、吉崎御坊が一旦閉鎖されたのは事実でしょうが、それがどれくらい続いたのか、御文以外の史料が欠けているので、詳細は不明です。ただ想像するしかありませんが、私にはそれが数ヶ月も行われたとは思えません。恐らく数日で解除されたでしょう。この年の日付の御文も殆どなく、しかもそこには、諸山寺のことも、守護のことも、御坊出入禁止のことも一切述べられていません。——謎と言えば謎ですが、実際は、比較的平穏だったとしか考えられません。

越前では、朝倉、甲斐の両軍は絶えず衝突していましたが、その合間を潜《くぐ》って、門徒達は吉崎へ群参していたのでしょう。蓮師も連日、彼らに法を説き、また本坊の経営に努め、寺内町の整備を指導する繁忙な日々を送っておられたと想像します。

然し来る日も来る日も群参に犇く門徒の姿は、上人にとっては、やはり目怠《めだる》いものがありました。

門徒の信心懈怠（全篇三十六を振返って）

先に、二帖目第一通解説の途中で、参考の為に引用した帖外御文（全篇三十六）をもう一度振返ってみましょう。その前半で、私が意訳した部分を読みます――

越前、加賀の国許や、多屋の僧侶達は当流（真宗）の安心を第一義と心得ず、信心は決定《けつじょう》せず、不信心であるから、愚老（私）一人の心得の如く、よく信心を決定して下さり、彼らの下にある門徒もみんな残らず、この度の一大事である往生を遂げるようになれば、全くのところ、「自信教人信」という釈論の趣旨にも叶い、また宗祖聖人への報恩謝徳にもなるだろうと思うようになって、今日まで辛抱して来たのだ。

それにこのあたりでは、冬が来れば、山を吹く風も実に激しくて、また海辺を打つ浪の音も高くて、空には時々雷が鳴って、大雪に降り込められたりする有様で、ほんとうに苦労する。こんなわけで、一向になれない暮しをするものだから、持病のおいものなんかも、しきりに起こって、迷惑至極である。然しながら、かねてからの願いの如く、各々方の信心も堅固ならば、それをなぐさめとも思うのだが、その信心の方がしっかりとはしていないのだから、ここに今日まで我慢していたかいがない。

蓮如上人の渾身の努力にも拘らず、門徒達の信心が中々しっかりしないと歎かれています。言葉には表わされていませんが、「君達は、俗世間のことばかりに気が散って、本気で聖教を読んだり、私の話を聞こうとしないから、信心が決定しないのだ」と上人は言おうとしておられるように私には思われます。「越前加賀多屋坊主（越前の坊主、加賀の坊主、多屋の坊主）当流の安心をもて先とせられず……」と殊更人物が特定されているのに注目して下さい。（「坊主」は、現代語とはかなり意味が違って、ここでは、教団の中で指導的な立場にある僧侶達で、郷や惣村などで、「寄合」を、そして蓮師が北陸に来られてからは、「講」を、差配する身分の人々です。）また、「多屋」とは勿論吉崎寺内町の多屋で、吉崎と越前・加賀各地の門徒を率いる立場の人々が連絡を取り合って、両国の武力衝突に、関り合いを持つ機会を窺《うかが》っているような気配があったのではないでしょうか？

間もなく六十歳になる、当時としてはかなりの老年の上人が、北陸の厳しい自然に悩まされたのも事実でしょうが、これはむしろ京へ帰ろうとしたことの言訳かとも思われるし、結局はこういう干戈を交える行為に及ぶことは避けたいというのが本心ではありますまいか？

本御文述作の真の対象――専修寺門徒と幸千代

蓮如上人及びその教団にとって、更にもう一つの悩み事がありました。それは同じ浄土真宗の中で、本願寺とは別の本山・専修寺《せんじゅじ》の存在でした。この教団は、宗祖親鸞聖人の関東巡化の時から、その法統を守る中心人物と考えられた彼の高弟・真佛によって形成されました。専修寺教団は、その後各地に弘まり、北陸でも、吉崎御坊建立以前には、本願寺など問題にならない教勢を誇っていました。

然し蓮如上人の教化によって、俄に圧迫され始め、ここに両門徒の間に、屢々軋轢を生ずるようになりました。

専修寺門徒の方は、態勢を挽回しようと、加賀の守護・幸千代の力を借りることを考えました。吉崎にとって脅威となったのは、諸山寺よりもむしろ専修寺の人々の反撥、そして彼らが幸千代の後押しを受ける危惧でした。

ですから、全篇四十八の「諸山寺」を「専修寺門徒」に、「両国の守護」を単に「加賀の守護」に、それぞれ読み換えた方が、文明五年末の現状に合っていると言えそうです。ただ、蓮師としては、同じ宗旨の専修寺を名指しにするのを避け、「両国の守護」と対象をぼやかす方が賢明だと思われたのではないでしょうか？　また恐らく、文明五年に入ってからは、吉崎閉門はとても実行できる状況ではなかったでしょうから、あくまで二年前の事態を記述しつつ、しかも現在の反対勢力の懐柔を意図したものかと思います。蓮師の心境も外部事情も中々複雑であります。そしてまたこの御文の筆法も巧妙です。


そこで、初めから考えて来たこの全篇四十八の御文の意図するところは何であったかという問題です——これは法話でもなく、また名宛人のある手紙でもないでしょう。ただ二人の仮定の人物の対話という形の文で、その中で蓮師が、過去二年間種々の経緯《いきさつ》があったが、結局吉崎に滞在を続けることになったという通知以外の何物でもありません。その通知したい相手は誰かと言えば、諸山寺の碩学達と両国の守護でしょう。けれども、私の考えでは、今、申しましたように、実際のところ、富樫幸千代と専修寺の末寺・門徒達です。蓮師は、その人々に敵対する気持は全くないと言いたいのです。

だからと言って、彼らに面と向って、申し開きをする必要は感じず、こういう文を書いて、（これも私の想像ですが）方々の彼の弟子達に配ったのかなと思います。そしてそれが間接的に専修寺や加賀の守護側の人々の耳に入るのを狙ったのでしょうか？

已に二帖目第一通について勉強しました折に、文明四、五年の蓮如上人のことを考えましたが、上人の立場、心境、北陸地方の状勢を、或る程度文明四年に限定して、更に詳しく考察する為、以上、全篇四十八を取上げて、分析してみました。

讃嘆――本御文の妙味

大変くどいようですが、もう一度繰返して申しますと、本御文は、門徒に対する蓮師の説諭、或いは説得の如き一面を持ちながら、実は外部（第三者）に向っての、間接的な疎明の文章でありす。しかも、その対象を「諸山寺」「両家の守護」と明記しておきながら、実は、専修寺教団と加賀の守護・富樫幸千代を意識して書かれたものです。

従って読者は、この文の裏の裏を読み取らなければならないので、そこには、外部事情や、著者の心境の複雑さがあることは、已に述べました。

そして、本御文の筆法が巧妙であるとも言いました。ただ外見上は、七人（七群の人々）の台詞を書き出して、構成の稚拙を感じさせます。けれども、そこが当に述作の妙というべきところです。

もし専修寺方や幸千代方の吉崎非難を阻止するのが所期の目的なら、彼らに向かって直接書簡を認《したた》めればよさそうなもので、そうすれば、文章はもっと簡単明瞭にできたでしょう——然しそれでは、彼らに、却って吉崎を見縊らせるようになるか、または逆に彼らを刺激してしまう危険があります。

本御文は、様々の情報や証言を基として考えられたでしょうが、然しその上に創作された一種の虚構《フィクシオン》です。

次第に緊張を昂めつつあった北陸の当時の政情の中で、これはかなり有効な成果を齎したのではないかと私は推察します。この御文が、敵味方の陣営に流布されることによって、両者間の険悪な空気が、少しはほぐれたのでなかろうかと思います。—まあ、それが無理だったとしても、武力衝突が起こった場合、吉崎側に正当性が認められるようにという期待が、蓮師にあったのではないでしょうか？　紛争についての有責性を、本願寺は問われてはならないと、蓮師は考えられたと思います。本御文は、その点、中々意義深いものを秘めているのです。

全篇五十一——一

五十一—一

前段第一節

去年霜月のころよりこのかた、当国加州能登越中のあひだより、男女老少幾千万となく当山へ群集せしむる條、しかるべからざるよしの成敗をなすといへども、さらにもて多屋坊主已下その承引なし。さだめて他宗他家のかたにも偏執の義もかつはこれあるべし、とおもふなり。

前段第二節

その謂いかんといふに、在家止住のつみふかき身が弥陀の本願を信じ後生一大事とおもひ、信心決定して、誠に極楽往生治定とこゝろえたらん身は、そのありがたさのあまり報謝のために、足手をはこび、又当山に安置するところの本尊ならびに開山の御影へもまひり、またわれらなんどにも対面をとげんは、まことに道理なるべし。しかるに、なにの分別もなくたゞひとまねばかりにきたらんともがらは、当山へ経廻しかるべからざるよしをまふすなり。

中段第一節

抑予がまへゝきたりて見参対面をとげたりといふとも、さらにわれらがちからにて後生

10 をたすくべきむねなし。信心をとりて弥陀如来をたのみたてまつらんひとならでは、後生は
11 たすかるべからず。

中段第二節

わがまへゝきたらんずるよりは、山野の墓原へゆきて、五輪率塔婆をお
12 がみたらんずるは、まことにもてその利益もあるべし。すでに経文にいはく、一見率塔婆永
13 離三悪道といへり。この率塔婆をひとたびおがみたらんひとは、ながく三悪道の苦患をば一
14 定のがるべし、とあきらかに経にみえたり。かへすぐ、当山へなにのこゝろえもなきひと
15 きたりて、予に対面して、手をあはせおがめる事、もてのほかなげきおもふところなり。

中段第三節

さ
16 らにもてたふときすがたもなし。たゞ朝夕はいたづらにねふせるばかりにて、不法懈怠にし
17 て、不浄きはまりなく、しわらくさき身にてありけるを、おがみぬること、真実々々かたは
18 らいたき風情なり。あさまし〳〵。

中段第四節

これらの次第を分別して、向後は信心もなきものはあひ

19 かまへて／＼率塔婆をおがむべし。これすなわち佛道をならんたねになるべし。よく／＼
20 こゝろうべきものなり。

後段第一節

21 秋さりて夏もすぎぬる冬ざれのいまは春べとこゝろのどけし
22 この哥のこゝろは、当山にこの四ヶ年すめるあひだのことをよめるうたなり、五文字に秋さ
23 りてといふは、文明弟三の秋のころよりこの当山吉崎に居をむすびて、四季の春夏秋冬をを
24 くりしことは、すでに秋をば三ッ夏をば二ッ冬をば三ッ春をば三ッなり。

かやうに四ヶ年のあ

後段第二節

25 ひだ春夏秋冬ををくりしかども、こゝろうつくしく他力真実の信心を決定したるひともなか
26 りしに、去年の霜月七日のうちにかたのごとく人々の信心をとりて、佛法にこころのしみて
27 みえしほどに、ことしの春はうれしくもおもひけるが、さていまは春べといへり。こゝろの
28 どけしといふは、信心決定のひとおほければ、こゝろのどけしといへるこゝろなり。あなか
29 しこ／＼。

文明六年甲午正月廿日

全篇五十一―一

五十一—一

前段第一節

1 去年霜月のころよりこのかた、当国加州能登越中のあひだより、男女老少幾千万となく当山
2 へ群集せしむる條、しかるべからざるよしの成敗をなすといへども、さらにもて多屋坊主已
3 下その承引なし。さだめて他宗他家のかたにも偏執の義もかつはこれあるべし、とおもふな
4 り。

前段第二節

その謂いかんといふに、在家止住のつみふかき身が弥陀の本願を信じ後生一大事とおも
5 ひ、信心決定して、誠に極楽往生治定とこゝろえたらん身は、そのありがたさのあまり報謝
6 のために、足手をはこび、又当山に安置するところの本尊ならびに開山の御影へもまひり、
7 またわれらなんどにも対面をとげんは、まことに道理なるべし。しかるに、なにの分別もな
8 くたゞひとまねばかりにきたらんともがらは、当山へ経廻しかるべからざるよしをまふすな
9 り。

中段第一節

抑予がまへゝきたりて見参対面をとげたりといふとも、さらにわれらがちからにて後生

をたすくべきむねなし。信心をとりて弥陀如来をたのみたてまつらんひとならでは、後生はたすかるべからず。

中段第二節

わがまへゝきたらんずるよりは、山野の墓原へゆきて、五輪率塔婆をおがみたらんずるは、まことにもてその利益もあるべし。すでに経文にいはく、一見率塔婆永離三悪道といへり。この率塔婆をひとたびおがみたらんひとは、ながく三悪道の苦患をば一定のがるべし、とあきらかに経にみえたり。かへす〴〵、当山へなにのこゝろえもなきひときたりて、予に対面して、手をあはせおがめる事、もてのほかなげきおもふところなり。

中段第三節

らにもてたふときすがたもなし。たゞ朝夕はいたづらにねふせるばかりにて、不法懈怠にして、不浄きはまりなく、しわらくさき身にてありけるを、おがみぬること、真実々々かたはらいたき風情なり。あさまし〳〵。

中段第四節

これらの次第を分別して、向後は信心もなきものはあひ

かまへて〳〵率塔婆をおがむべし。これすなはち佛道をならんたねになるべし。よく〳〵こゝろうべきものなり。

後段第一節

21 秋さりて夏もすぎぬる冬ざれのいまは春べとこゝろのどけし
22 この哥のこゝろは、当山にこの四ヶ年すめるあひだのことをよめるうたなり、五文字に秋さ
23 りてといふは、文明弟三の秋のころよりこの当山吉崎に居をむすびて、四季の春夏秋冬をを
24 くりしことは、すでに秋をば三ッ夏をば二ッ冬をば三ッ春をば三ッなり。

後段第二節

かやうに四ヶ年のあ
25 ひだ春夏秋冬ををくりしかども、こゝろうつくしく他力真実の信心を決定したるひともなか
26 りしに、去年の霜月七日のうちにかたのごとく人々の信心をとりて、佛法にこころのしみて
27 みえしほどに、ことしの春はうれしくもおもひけるが、さていまは春べといへり。こころの
28 どけしといふは、信心決定のひとおほければ、こゝろのどけしといへるこゝろなり。あなか
29 しこ〳〵。

文明六年甲午正月廿日

御文全篇・四十八について種々考えました中で、文明四年は、幾分平穏な状態に、吉崎周辺は置かれていたようだと申しました。

ただ越前では、応仁の乱による敵対関係で東西両軍が、各地で激しい戦闘を展開していました。朝倉と甲斐の間では、互いに勝敗はあったものの、前者は次第に優勢となり、文明四年前半までに、略《ほぼ》全国を制圧し、甲斐敏光の軍を加賀へ追い出します。この時朝倉勢は吉崎のある河口荘にも侵攻して来たので、かなり緊迫した状勢になったことでしょう。

加賀は西軍の富樫幸千代《こうちよ》が支配していましたから、甲斐勢はその庇護を受けたと思います。そこで東軍方としては、次は加賀を制覇することを考えたでしょう。然し細川勝元は、文明五年五月に歿しているので、この頃総指揮を取ったのは、或いは孝景だったかも知れず、彼は加賀を挟撃しようとして、越中の東軍が応援してくれるよう、幕府に懇請したりしています。一方、勢を盛り返した甲斐敏光は、同年八月、蓮ヶ浦《はすがうら》で朝倉方と交戦します。此処は、吉崎の反対側で北潟湖に面していて、当然、双方の軍勢が湖岸を往来しているので、御山としては、物騒極りないことでした。ですから、比較的平穏とは言いましたが、已に四年の中に、外敵を防ぐ態勢がとられ始めていたと私は考えます。

帖内御文・二帖目第一通解説の時、引用し、現代語訳しました全篇三十六の十一行目から

「当年正月時分よりあながち（一途、ひたむき）に思案をめぐらす処に、牢人出帳（張）の儀についてそのひまなく、或は要害或は造作なんどに日をおくり、すでに春もすぎ夏もさり、……」とあるのを見ると、吉崎寺内町の要害化が始まったのは、文明五年正月以降であるかの感がありますが、実際はそうではなかったでしょう。

抑々御文に記すところの事実関係は、その日時、場所、内容、それぞれ時折曖昧さがあるので、よく注意する必要があります。先に、吉崎下向の為の畿内出発の時点が、三月に南別所からか、五月に京都からか、二様の記載があって、困りましたが、こういう事例は少なくありません。

日々の説法の他に、御文の著作、教団運営の為の企画、検討、決裁。更に人事、財務、外交——そういう山のような仕事を、蓮如上人は遂行しておられたのです。その合間を縫って為された記述に、正確さを求めるのはどうしても無理でしょう。後世の為に、そういうことに専念する歴史家・記録係が上人の側近にいなかったのは、実に残念なことです。

そこで、少々溯って考えますと、山をくずして、本坊（事実上の本願寺）ができたのは、文明三年秋のことですが、それと同時或いはそれに引き続いて、南大門、北大門ができたと思います。それは用心の為で、両門の内側に、本坊を護衛する目的の、所謂門内多屋九軒、南大門の近くから、急な坂を下る七曲の道と、その先の北潟湖畔の舟つき場も、恐らく、年の中に造られました。非常事態には、湖上や海上へ避難する為です。

文明四年に入って、例の出入停止《しゅつにゅうちょうじ》の問題がありますが、間もなくそれも解決して、加賀越前の各地の講が、先を争って、彼らの門徒を泊めるべき多屋を建てた。二つの門の外に、一、二百軒、瞬く中に出来上がり、これを門外多屋と称したが、その為に山を引き崩す、つまり造成の工事が継続して行われて、山上の平地部分は、北潟を西に見て、かなり細長くなり、春日神社、及びそれより南まで、寺内町は拡がって行ったでしょう。

然しこういう作業は、単なる町作りではなかったでしょう。大体、蓮師が吉崎の地を選んだのは、ここが天然の「要害」と睨んだからです。この言葉は幾つもの御文に出て来ます。各々の多屋も、敵襲に備えて「柴築地《しばついじ》をつきなんど」していました。

そして、門外多屋の一番端で、陸地がくびれて、つまり北潟が西側から入り込んでいる箇所に、堀を穿《うが》って、寺内町全部が、四方水に囲まれて、外敵から守られるように作られたと言われています。

偏に、蓮如上人の発想に基づき、上人自身が選地し、設計して造り上げたとされる寺内町なるものは、城主とその家臣達の安全を主眼に仕上げられた城下町とは異なり、門徒達の信仰、生活、の共同体であって、町全体が畳壁や環壕に守られて生活できるようになっていました。当然、衣食住の需要を充たすべく、商工業者も店舗を設けるのを許されたでしょうし、米倉なども建てられたりしたかと思います。

已に吉崎以前に、上人は近江などで、二、三小規模な寺内町を実現しておられ、その過去の経験・実蹟を基《もと》に、より優れた、そして大々的な町作りを目指されました。吉崎寺内町のことは、幾通もの御文に書かれていますが、例えば、所詮越前国加賀ざかひ長江瀬越の近所に細呂宜郷の内吉崎とやらんいひて、ひとつのそびへたる山あり。その頂上を引くづして屋敷となして、一閣を建立す、ときこへしが、幾程なくして打つづき加賀越中越前の三ヶ国の内のかの門徒の面々よりあひて、他屋と号して、いらかをならべて家をつくりしほどに、今ははや一二百間の棟かずもありぬらんとぞおぼへけり。或は馬場大路をとほして、南大門北大門とて南北の其名あり。されば、北両三ヶ国の内に於ておそらくはかかる要害もよくおもしろき在所よもあらじ、とぞおぼへはんべり。

と帖外御文（全篇二十四）にあります。ここは、本願寺宗門以外の人々が吉崎の有様を語るという想定の文ですが、そうでなくても、御文は自然発生的に、というか、大勢の人が銘々の家を建てている中に、何時の間にやら町ができたという調子の記述です。

然し実際は、かなり熟慮を経た後の、上人独自の都市計画が実施されています。発想の上から言っても、完成した結果からしても、蓮如上人の城砦都市は我国建築史上、全くユニークな存在であります。

さて、一旦国を逐われて、京にあった富樫政親が、文明五年、武力を以て加賀に返り咲こうとします。越前・加賀の国境《くにざかい》は、朝倉対甲斐、政親対幸千代の四巴の乱闘となります。

都で起こった応仁の乱は、この頃、全国各地に波及していますが、北陸では、これまで概ね越前に限られていた戦争が、政親の出現によって、加賀へも拡大したと言うことができましょう。先に引用した全篇三十六の「牢人出帳の儀について云々……」は、この状況を簡明に表していて、初めから一応不測の事態を考慮して造られていた吉崎寺内町の要害に、本格的な防備強化が為されたと見ることができます。

この数行は、上人が現場に赴いて、連日工事を指揮されたことを示しています。吉崎半島の根元部分の「堀切《ほりきり》」は、或はその時掘削《くっさく》されたかも知れず、その手前に、更に土塁が構築された可能性もあります。

加賀に於いて、蓮如上人の信者となった人々と、専修寺門徒との軋轢《あつれき》は、尖鋭化する一方でした。様々の経緯の末、富樫幸千代は、後者を味方に引き入れることとなります。尤も最終的にはそれは文明六年に入って後です。文明五年の段階では、加賀の西軍は優勢で、それ程切実に他者の応援を求めていなかったようであり、また朝倉孝景も越前の国をまだ完全には支配していませんでした。甲斐敏光以外にも、旧守護の斯波義廉とか、斯波義敏の勢力も残っていました。

幸千代は、本願寺か専修寺か、どちらを取るべきか、長い間態度を決めかねていたと思います。前者の方が、新興の気運に乗っているのは、誰の目にも明らかだったでしょう。かなりの郷や惣村が、住民を挙げて、蓮如上人の許に群集しています。それに釣られて、在地の有力武士も、続々、上人の門徒となります。この五年になってからの、松任《まっとう》城主・鏑木《かぶらぎ》繁常の入信などもその一例です。然しその反面、朝倉孝景の暗黙の了解の下に、吉崎の建設が行われたことも、彼は知らない筈はなかったでしょう。蓮師は、その他、河口荘の年貢を、領主である興福寺大乗院へ届ける件などについて、孝景と話し合ったりもしています。そういうことから、本願寺を西軍の陣営に引入れるのは、容易ではないとも考えていました。

そういうわけで、加賀の門徒は、幸千代がいずれは彼らに弾圧を加えて来ると予測していたと思います。専修寺側との対立が深まるにつれて、彼らの間には主戦論が台頭して来た模様です。彼らと絶えず連絡を取り合っていた吉崎多屋の人々も、寺内町の要害化が進むと共に、次第に戦意が昂揚して行きます。その果には、本坊に参詣して、蓮師の教えに耳を傾けるのも疎かになるような有様です。

このごろなにとやらん坊主達のまことに佛法にこゝろをいれたまひさふらか、また身にとりて佛法のかたにちときすもいたかも御わたりさふらふか、さらに心中のとをりをもしか〳〵と懺悔の義もなく、またとりわけ信心のいろのまさりたるかたをもまふされさふらふ分もみえずさふらふて、うか〳〵とせられたるやうにおぼへさふらふは、いかゞはんべるべくさふらふや。たゞ他屋役ばかり御ならひさふらふて、座敷すぎさふらへば、やがて他屋〳〵えかへらせたまひさふらふは、よき御ふるまひにてさふらふか、よく〳〵御思案あるべくさふらふ。

文明五年二月九日

〔御文全篇二十一〕

御文全篇二十一の初めの方を引用しました。これは全篇四十八と同様、誰かが誰かに語ったことというように強いて話者を曖昧にしていますが、蓮師が自身の感想を述べているのは疑いの余地もありません。

この中で問題になる語彙は略《ほゞ》左のようなものかと思います。

いたか　（イタガ）病気、痛痒
わたり　（「在り」の尊敬語として）　おありになる、いらっしゃる　〈岩波古語辞典〉
うか〳〵　心が落着いていない様。はっきりした思慮の働いていない様　〈岩波古語辞典〉
座敷　会合の場所、会席　宴会の席　宴席　〈日本国語大辞典・小学館〉

内容を一応現代語風に書いてみますと――

此頃、どうやら、一坊の主たる方々は、本当に佛法に心を入れておられるのか、またはその方々の佛法の内容に、少し傷やら病気やらがおありになるのではないのかという気がします。しっかりした懺悔の気持も心の中にはなく、また特にすぐれた信心の有様を、お話になるようなこともなくて、心がどうも落着いていないかとお見受けするのは、一体どういうことなのでしょうか？

ただ多屋の仕事にばかり係りあっていらっしゃって、会合の席が終ると、直様、各々の多屋へ帰ってしまわれるのは、正しい身の処し方と言えるでしょうか？　よくお考えになるべきでしょう。

「坊主」は前にも申しましたように、坊＝寺の主、つまり住職分の人々です。ここでは、寺内町の多屋を仕切っているような人々を指すのでしょう。そういう人々は、当然、佛法を学んで、信仰を深め、それを他の人々に勧める役目を荷っているのです。この御文の後半にはそういうことが書いてあります。ところが、その坊主達が、一応本坊へ集まっては来るものの（「座敷」とは、恐らく本坊での法座などの寄合の意味でしょう）、すぐ、そそくさと銘々の多屋へ帰ってしまう（「他屋役」というのは、ここでは、戦闘に備えて訓練したりすることを言っているのではないかと思います）。

蓮如上人としては、万一の場合を考えて、自衛の為に吉崎の要塞化を進めておられたのです。決して進んで戦をしかける気持はありませんでした。ところが多屋の人々は、多分、専修寺門徒や、場合によっては幸千代の軍を、加賀で打ち破る為に、吉崎を根拠地としようと考えたのではないでしょうか？　それで本坊への参詣はそこそこにして、多屋で軍略を練ったりするのに狂奔し始めたのではないかと思います。

只今引用したようなお小言が言われたのはその為でしょう。先程熟読しました一帖目第八通を見て下さい――『当年より諸人の出入をとゞむる……』とあります。本御文の日付は「文明五年九月」ですので、「当年」は文明五年に外なりません。然し吉崎の御山の「出入停止」は文明四年正月ではなかったでしょうか？

これは上人の記憶の誤りによるのか、それとも、文明五年に入って、再度布告が出されたのか、どちらでしょう？……これもまた、今日となっては、もう究明する手立がありません。

再度お触《ふれ》の出た可能性を、私としては否定し切れません。然しそうであったとしても、完全に出入禁止としてしまえば、御山の防衛工事は頓挫《とんざ》するので、程なく解除されたでしょう。

上人としては、極めて不満でした。「自分は吉崎へ布教の為に来たのであって、決して戦いをする為ではなかった」という無念さでいっぱいでした。

そこで、先に引用しました全篇三十六の十一行目を、再度振返ってみますが、

当年正月時分よりあながちに思案をめぐらす云々……

の、「思案をめぐらす」は甚だ気になる言葉ですが、これは、後《あと》の十四行目、

先暫《ざんじ》時と思て藤島辺へ上洛せしむる云々……

に続く言葉と考えられます。

つまり文明五年に入った頃から、蓮如上人は、吉崎滞在に嫌気がさして、京へ帰ることを考え始められた。ところが、それと時を同じくして、俄に周囲の状勢が険悪となって来た。吉崎は敵の攻撃を受けるかも知れない。参詣に来る人々を、危険に曝しておくわけには行かない――そこで、多屋衆を指揮して、寺内町要害化工事を開始されました。

然しその繁忙さは、上人に何か空しさを感じさせるものがあった。多屋の人々の中には、それぞれの地方で、郷の統率に当たっている年寄、長格の者もあったと思われます。彼らは概《おおむね》農耕を離れて、武士となっていたことは、前述の通りです。

今や室町末期の下剋上の世の中です。彼らは団結して、守護などの支配階級に対抗し、彼らの勢

力を伸ばす機会を狙っていたところです。吉崎の要害化が進むにつれて、次第に好戦的な風潮が拡がり、先に引用した全篇二十一の御文に記されている如く、聞法《もんぽう》の志は次第に疎かになって、銘々の多屋で軍議を凝らしたりし始めたかと想像されます。

このまま吉崎に留まって、布教に努めるべきか、畿内へ帰るべきか、上人には、文明五年の前半を通じて、大変な心の葛藤があったのが推察されます。そして遂に、九月、加賀山中温泉に湯治に出かけ、その足で、越前藤島超勝寺経由で、帰京の決意をされました。

その先は、已に全篇三十六で読みました如く、追いかけて来た多屋衆の懇望によって、十月に吉崎へ戻り、また報恩講を勤めて、越冬するということになるわけです。

全篇五十一―一を読むについて、その前置のようなことを話して来ました。

で、その先どうなるか、ですが、ここに非常に興味ある（やはり帖外御文ですが）文明六年早々、正月廿日に書かれた一文を読んで篤と考えてみようではありませんか。

この御文を、私は『蓮如上人全集　第二巻・御文全篇』の五十一―一に収録しました。平生聞き慣れない言葉が多いので、先ず語彙から考えましょう。

一　語彙

3　偏執《へんしふ》　①一つの考えや説などに、偏屈なまでにとらわれること。片意地。②ねたむこと、そ

ねむこと。 〈岩波古語辞典〉

10 むね　旨　事の趣。趣意。意味。意見。

11 五輪率塔婆《ごりんそとば》　地・水・火・風・空の五大を標示する塔婆。五輪塔に同じ。〈新明解古語辞典・三省堂〉

五輪塔《ごりんとう》　また五輪・五解脱論ともいう。密教で説く五大（地輪・水輪・火輪・風輪・空輪）を、それぞれ方・円・三角・半月・宝珠の形で象徴して、金銅や石でつくって下から積み上げ、塔の形に仕上げたもの。各面に五大の種子を刻む。これが原形となって板塔婆の上部両側に切り刻みをつける。また鎌倉時代からは最も普通な墓の形式となった。〈佛教語大辞典・中村元〉

12 一見率塔婆永離三悪道《いっけんそとばようりさんまくどう》　あとに「何況造立者《かきやうざうりうしや》、必生安楽国《ひつぢやうあんらくこく》」と続き、「ひとたび卒塔婆を見れば、永く三悪道を離る。何ぞ況んや造立する者は、必ず安楽国に生まれけん」と読む。

［補説］謡曲『卒塔婆小町』とか江戸笑話『きのふはけふの物語』などに引用される卒塔婆の功徳を説いた文で、中世に人口に膾炙した四句偈《げ》。出典不詳。また、誦出者も不明である。〈日本佛教語辞典・平凡社・岩本裕〉

卒塔婆を一度見れば、永久に地獄・餓鬼・畜生の三悪道から離れられるということ。「扨率塔婆のくどくはいかに。一見率塔婆永離三悪道」（元和卯月本謡＝そとば小町）【参考】右の用例について、謡抄には「経論ニカクノ如クツヅキタル文ハ無《ナ》キ歟」とある。〈時代別国語大辞典・三省堂〉

13 一定《いちぢやう》　（副）確実に。必ず。きっと。

16 不法《ふほふ》　佛教語。佛の教え・戒律を守らないこと。「不法《フホフ》」（易林節用）「不法《フホウ》」（塵芥・運歩）
「不法懈怠《ふほうけたい》法度をやぶり物におこたる也」（和漢通用）「堂衆の不法なるは浅間敷ぞ。如来聖人にみやづかひながら、冥加をおもはず不信なる、第一の曲言候由、細々抑事候しか共」（本願寺作法之次第）「タダ朝夕ハイタヅラニネフセルバカリニテ、不法懈怠ニシテ、不浄キハマリナク」（御文章文明六、正、廾）
〈時代別国語大辞典・三省堂〉

17 しわらくさき　しはらくさき　声や動作などが老人のようである。うるさい。やかましい。
〈日本国語大辞典・小学館〉

17 かたはらいたし　傍ら痛し　①（傍らの人が自分をどう見るだろうと意識して）気がひける。気はずかしい。気が咎める。②（傍らの者として、他人のことが）気になる。他人事ながら苦痛である。見苦しい。③《「片腹痛し」とするのは中世以後の当字》おかしさの余り片腹が痛い。また、馬鹿々々しい。
〈岩波古語辞典〉

21 冬ざれ　冬季、景物の荒れさびれたさま。また、その季節。冬のさ中。

22 五文字《ごもじ》　五つの文字。特に連歌や俳諧で、発句または平句《ひらく》中の五音をいう。いつもじ。
〈日本国語大辞典・小学館〉

25 こゝろうつくし　〔心愛〕（心が、人にかわいさや親しみを感じさせるようなさまに言う）①相手の心根が可愛い。気持がいとしい。②やさしく暖い心がある。
〈日本国語大辞典・小学館〉

二段落

言葉の意味は、略《ほぼ》分ったとして、全体的にどんなことが書かれているのか考える為に、一応段落区分をしてみましょう。

前段　初めから、九行目の上の「……まふすなり。」までを、前段（第一段）としましょう。内容は、簡単に言ってしまえば、「信心のない者はこの山へ来るな」ということでしょう。

これを更に二つに分けて、四行目の頭の「……とおもふなり。」までの第一節は、「禁止令が徹底できなくなって、他宗の偏執が心配である。」その後の第二節は、「信心のある者は来てもよいが、そうでない者は、私には迷惑である」という気持でしょう。

中段　その後《あと》、和歌の手前の二十行目までを、中段と見たいと思います。「抑」と、著者自身、意識して、新しい段階に入ろうとしたことは明《あきら》かであります。ここで言わんとするところは、「不信心な者達は、吉崎へ来るより、そのあたりの墓地の率塔婆を拝んでおきなさい」という趣旨です。

中段の十一行目、「……たすかるべからず。」までを第一節として、「予（蓮如）に対面したからと言って、それで助かるものではない。」続いて、十五行目の下の「……おもふところなり。」まで第二節で、「それより率塔婆を拝んだ方が利益《りやく》がある。」更に十八行目「……あさまし〳〵。」は、「私を拝むなど、浅間しいことだ。」という第三節。最後の二行程は、結論的に「率塔婆を拝みなさい。」と結んでいます。

以上、前二段を、少々乱暴な要約の仕方をしましたが、凡そ原典自体、かなり突き放した論調ではありませんか。

後　段　和歌も含めて、それ以降を後段とします。ここで文の調子はがらっと変わって、多くの人人の信心決定の喜びが述べられています。

初め二十四行目までは、歌の解説で、爾後が祝の詞《ことば》となって終っています。

三　文　意

では、原典を現代語風に書いてみましょう。

前　段

第一節　去年十一月以来のことを話したいのだが、この国（＝越前）、加賀、能登、越中あたりから、老若男女が、幾千幾万と数知れず、この山へ集まって来るのに対して、それはよくないという決定を下した。だが多屋の主達を初めとする多くの人々が、それを納得してくれない。さぞかし、他の宗旨や宗派の方《ほう》から嫉まれるだろうと思うのだ。

第二節　どうして山へ集まって来るのを禁じるかと言うと、出家しないで、俗世間の生活をしている罪深い者が、阿弥陀佛の本願を信じて、後世に於いて救われるか否かは、何よりも大切な問題と思い、信心が定まって、本当に極楽往生ができると確信した者は、それは有難いことだという惟いのあまり、報謝の気持で、この山に足を運び、また堂内に安置された本尊や、開山の御影にお参りし、更に我々に会ったりするのは、全く道理に叶っている。

けれども、何ら物事の判断もなく、ただ人真似だけに来ようというなら、滞在は認めないと言うのである。

中　段

第一節　抑々私に面会したからと言って、私などの力で、諸氏の後世を助けられるわけがない。信心を取って、弥陀如来をお頼り申し上げる人でなければ、後世は助からないのだ。

第二節　私の前へ来るよりは、山野の墓原《はかわら》へ行って、五輪率塔婆を拝んだりすれば、事実、その利益はあるだろう。お経にも、「一度率塔婆を見たら、永久に地獄・餓鬼・畜生の三悪道から離れられる」と言われている。つまり、一度率塔婆を拝んだ人は、永く三悪道の苦しみ患《わずら》いを、確かに逃れられよう、とはっきりお経に書いてあるのだ。

繰返して言うが、この山へ、何の心得もない人が来て、私に面会して、手を合わせて、私を拝むのを、私は此の上なく歎かわしく思うのである。

第三節　その私たるや、全くのところ尊い様子はない。朝も晩も、ただいたずらに横になったりしているばかりで、佛法もなく、怠慢で、不浄の至りであり、老い耄《ぼ》れた身であるのに、それを拝むなどというのは、本当に情けない有様だ。浅はかと言う外はない。

第四節　こういうことをよく考えて、今後、信心もない人達は、率塔婆を拝みなさい。これはとりもなおさず佛道を成就する基となるだろう。よく〳〵心得るべきである。

後段

第一節　秋が去り、夏も過ぎてしまって、荒れ果ててもの寂しい冬が来たが、今は春だなと心のどかな気持だ。

この歌の内容についてだが、当山にこの四年間住んだ間のことを詠んだ歌である。発句の五文字に「秋さりて」と言ったのは、文明三年の秋頃から、当山吉崎に居を構えたからで、春夏秋冬の四季送ったが、はや秋を三回、夏を二回、冬を三回、春を三回ということになる。

こんな風に、春夏秋冬を四年もの間過ごしたのに、美しい他力真実の信心を決定した人もなかった。ところが、去年の十一月の七昼夜中に、人々が心からなる信心を得て、佛法が彼等の心に滲み込んでいるのが見えたので、今年の春は嬉しく思い、そして今は春だと言ったのだ。「こゝろのどけし」と詠んだのは、信心決定の人が多く現れたので、心がのどかだという意味合いである。あなかしこ〳〵。

文明六年甲午《きのえうま》正月廿日

異本五十一―二

本御文　五十一に、実は異本があって、『蓮如上人全集第二巻・御文全篇』編纂に当って、我々は、その異本の方を、「五十一―二」という号数にしました。

両本共に、御詠（和歌）以後の部分は、全く同文で、それ以前（段落区分に於いて、私が一応前段、中段とした）箇所は、「ひたすら弥陀一佛を信じることが肝要で、念佛を称《とな》えるのは、信心を得た感謝の表現である」という内容の、純粋の説法の文に置き換えられています。つまり、具体的な事実の記載は全くありません。

御文には、帖内・帖外双方を通じて、このように、部分的に、互いに入れ代っていたり、欠落していたり、附加されていたりする異稿が、少なからず存在します。それらの異本の中で、果してどれが本来の原典なのかということについては、後世、論議されたりしていますが、それを確定するのは、容易なことではありません。

全篇五十一についても、幾つもの仮説は可能でしょうが、最終的決定をするのは無理だと思います。ですから、あくまで蓋然性ということでしか、議論を立てられないでしょう。

一応そういう前提の上での考えですが、後段部分については、先ず問題はありまん。廿三、四行目に於いて、文明三年以来、「秋をば三ッ……」と書かれている以上、文明六年正月という日付と、この部分は完全に合致するからです。

これに反し、前段、中段は、この日付に符号する言葉はないのみならず、意味内容として、後段との繋り具合が、必ずしもしっくりしているとは言えません。一方、異本の五十一―二の方も、文章の調子が、どうも後段とちぐはぐであるという感を否めません。

では、この両者とも、後に付加されたものであって、元々は後段のみで一つの御文の体裁を為していたと考えるべきでしょうか？――これも私には、蓋然性は少ないと思われるのです。一首の和歌で書き始められた御文は、他に全く例がないし、そういうのは、全然蓮師の著述の文体らしくないからです。

こうなると、五十一―一でも―二でもない他の御文から、当後段に即したような箇所を探して来なければならなくなりますが、そんな作業は、徒らに想像意欲を刺戟するばかりで、実証性ということからは、すっかりかけ離れてしまいます。やはり五十一―一がそのまま本来の稿本であったと考えて、これを吟味するのが、一応無難ではないでしょうか。

讃　嘆

本御文の外面的な検討は、これで一先ず終りとして、更にこの原典の行間に内包された種々の深意とでも言うべきものを、できる限り探ってみることとしましょう。

本作品のみならず、今までに読んで来ました一帖目第八通、帖外（全篇）三十六、四十八などに一貫して覗える著作者の心境は、挫折感であり、しかもそれは相当に深刻であると申せましょう。

それについては、今までに読んだ御文に種々と書かれていますが、要約すると、一、従来からこの地方に建てられている名刹・諸山寺《やまでら》から、吉崎の繁栄に対する反感が昂まっていること、二、門徒達が聞き覚えたばかりの真宗の教えを、路次大道で説教し始めたこと、三、守護・地頭に年貢を滞納する者が、門徒達の間に出て来たこと、四、法座の集りで、真剣さがあまり見られなくなったことなどです。

それで蓮如上人は、吉崎布教に行詰りを感じ、先行きに不安を抱くようになった。そして文明四年の年頭には、吉崎への出入停止令を発した。然し間もなく、多屋の人々の反対で撤回せざるを得なくなった。

然し状況は、翌五年の富樫政親の帰国で、いっそう悪化するので、九月になって、藤島へ居を移したが、後を追って来た多屋衆の懇望で、結局吉崎へ引き返さなければならなくなるというわけです。

それならば、蓮師は、あれ程までの周到さを以って、長年策を練って来た吉崎布教に、その当初から否定的となられたのでしょうか？　そして早々にこれを打切ることばかり考えられたのでしょうか？

その吉崎の御坊たるや、建立された年の中に「道俗男女群集《どうぞくなんによぐんしゆう》」（一帖目第八通）して、「あら不思議や、一都に今はなりにけり。」（全篇四十四）という有様で、当御文にも「男女老少幾千万となく」（一行目）と書かれています。かかる描写は、他の幾つかの御文にも為されていて、我国の歴史上全く類例のない空前の大成功だったのです。当の御本人がすっかり驚いておられるくらいです。驚きであるばかりか、大喜びでないわけがありません。文の流れの中に、我々は、隠し切れない上人の喜びが読み取れるのです。

また、先に引用しました、瞬く中に出来上がって行く吉崎寺内町の模様を描写した全篇二十四の、

抑此両三ヶ年の間に於て、或は宮方或は禅律の聖道等にいたるまで、申沙汰する次第は何事ぞといへば、所詮越前国加賀ざかひ長江瀬越の近所に細呂宜郷の内吉崎とやらんいひて、ひとつの

そびへたる山あり。その頂上を引くづして屋敷となして、一閣を建立す、ときこへしが、幾程なくして打つゞき加賀越中越前の三ヶ国の内のかの門徒の面々よりあひて、他屋と号して、いらかをならべて家をつくりしほどに、今ははや一二百間の棟かずもありぬらんとぞおぼへけり。或は馬場大路をとほして、南大門北大門とて南北の其名あり。されば、此両三ヶ国の内に於ておそらくはかゝる要害もよくおもしろき在所よもあらじ、とぞおぼへはんべり。さるほどに、此山中に経廻の道俗男女その数幾千万といふ事なし。

という箇所など、蓮師の溢れるような満足感を感じさせるではありませんか！

吉崎時代の蓮如上人を見る時、我々はこのような極度の否定と肯定、悲観と楽観を、一生の仕事として自らに課した伝道生活の中に感じるのであります。既に観察して来ましたように、滞在期間中、絶え間なく激しい心境の変動が、御文作者の中で起こっていたと考えられます。

以上のことを、文明五年の秋、藤島にあった蓮如上人の許へ多屋衆が懇請に来た時点まで、先回眺めて来ましたが、ここから先は、詳述された文献がありませんので、専ら想像によるより外はないでしょう。

多屋面々帰住すべき由しきりに中間、まづ帰坊せしめおはりぬ。

という全篇三十六の記述などを見ると、大勢の人々の説得に負けて、まあいやいや吉崎へ帰ったような口調です。一方的に押し切られたと言うか、全く受動的な感じですが、実際には、そんなに無抵抗に、上人が帰住に応じたと、私は思いません。

この時藤島の蓮如上人の許へ伺候した多屋の人々は、真先に上人から厳しいお叱りを受けて、すっかり恐縮したと思います。「一同の中に、『他力真実の信心を決定し』(廿五行目)ましたと胸を張って言える者があれば、前へ進み出よ」というような仰せを受けて、皆恐れ戦《おのの》いて、おもてを上げる者もない、というような一齣《こま》が先ずあったのではないかと想像します。

しばらく、重苦しい沈黙が続いた後で、上人は、再び口を開いて、諄々と説教された——その内容が、実は、本五十一—一の御文の前・中段に当る、——という風に私は考えるのです。勿論、それはその時書留められたものではなくて、三ヶ月後の文明六年正月廿日、当時を思出しながら綴られたのですから、全く同じではありません。けれども、上人にとって、先ず、はっきり言っておかなければならないのは、吉崎を見捨てる決意をした已むを得ざる理由です。

そしてそれがそこに書かれています。㈠吉崎への群集を禁止しようとしたが、多屋坊主達が承知しなかったことと(一行目—三行目)㈡他宗他家の嫉視を心配したこと(三行目)とですが、その他も、已に先程(二三頁)私が要約した門徒達の様々な不都合な行為を列挙なさったので、一同はただ賢まって平伏していたことでしょう。

更に門徒の間違った態度としてこの御文には、他の箇所ではあまり見られない、別の一つの指摘が為されています。——それは、彼らが蓮如上人に向かって、手を合わせて拝むということです。——これは、正しい信心のすがたではないと言われたのです。

よくよく考えてみると、これは極めて重要な教訓ではありませんか。今日の言葉では、「個人崇拝」ですが、信教の世界のみならず、俗世間の問題でもあります。この点をはき違えると一国の政治をも誤るようになるのは、ごく最近、我々の身近で見せつけられたことです。今から五百年も昔に、堂々とこんな宣言をされたのは、当《まさ》に驚嘆の他ありません。蓮師は合理的、というか、不思議な程現代的感覚を持っておられたと言えましょう。

中段に入ると、この考えを更に押し進めて、「自分を拝むくらいなら、率塔婆を拝め」とまで言い切られます。――でも、これはどうでしょうか？

その功徳を説いて、「一見率塔婆永離三悪道」（十二、三行目）という経文を引用しておられます。更に、信心のない者は、率塔婆を拝め（十八、九行目）という、突き放すような、少なからず意地の悪い結論です。

何故他の御文には見られない、率塔婆を持出されたこういう酷しい論調なのか、私は種々と考えました。それで、この時の多屋衆の態度が、上人にとって我慢のならないものだったのではないかと思われるようになりました。

初段に述べられているような、幾つかの門徒の不行跡を枚挙された後、上人は、「もうこれ以上北陸に留まるわけには行かぬ。自分はこのまま京へ帰る」ときっぱり言いわたされたのではなかろうかと私は思います。

そこで吉崎からお迎えに来た人々は、慌てて、何かと言訳を始めました。――「諸山寺を疎《うと》んずるような発言は誰もしていません」とか、「路次大道で、念佛の教を大声で語るのを、我々は厳しく咎めましたので、今はそんな不心得者は居りません」とか、「年貢末進は行われていません。但し従来取決められている以上の要求が為された時は、それに応じるわけに行かないのは、どうぞ御理解いただきたい」とか……。

然し「予に対面して、手をあはせおがめる事」（十五行目）——これは何度禁じても、少しも改まらないではないか！——と最後に、業を煮やして上人は言われた。——私はこう想像します。——これには多屋衆も二の句がつげなくなった。そういう場面に、いつも彼らは居合わせたのですから、これだけは、何とも言い繕いようがないわけです。

蓮師から常々こういう正しい信心と、そうでない誤った考え方について教を受けていた多屋の人々は、すっかり悄気《しょげ》かえり、一様に首をうなだれて、黙ってしまった。

そこで蓮師は、再び「予は京へ戻る。皆の衆は吉崎へ帰られよ。もはや予は、ここに住居する必要はないのであるから。皆の衆は率塔婆を拝んでおられればよい。それが「佛道をならんたねになる」であろう。」

こう言って席を立たれた。さあ、驚き慌てたのは、多屋の一同。文明三年のお下向以来、お慕いして来た上人に、お別れとは。皆悲しみに打ち萎れて涙にくれます。中には声を上げて泣き叫ぶ者も出て来る。

この光景に、それまですっかり焦立っておられた上人も、流石に哀れみを覚え始める。折角大勢で迎えに来たこの人達を、そのまま追い返すのは、少々可哀想に感じられました。もうこらえ切れなくなって、蓮如上人の衣の袖に縋りつく者もある。そんなにまで、一緒に居て欲しいのなら、と、次第に気持も和らぎ始めます。

上人がその場所（恐らく藤島超勝寺の本堂）を立ち去りかねておられるのに、少し元気付いた一同は、どうか考え直して、「吉崎へお帰りを！　これからは、仰せの通り何でも致しますから」と声を揃えて、上人を取り囲む。最後に上人も苦笑いしながら、首を縦に振らざるを得ない――という結末になったのではないかと思うのです。

但し、ここから先が大事なところです。やっと吉崎帰還を承諾して下さったと、欣喜雀躍する一同と共に、上人は唯々諾々と超勝寺を後にされたでしょうか？――そうは私には考えられません。

「各々方は、これからは、真剣に佛法に身を入れますと約束できるか？」

上人にこう問われて、みんな元気に「はい！」と答えたでしょう。

「銘々が信心を取り、参詣に来る人々みんなに信心を取らせるようにせねばならぬ。」

――これにも、一同、異論はなかったでしょう。

皆の者に、こういう堅い約束をさせた上で、

「では、吉崎へ参詣に集まる人々が皆「こころうつくしく他力真実の信心を決定」（二十五行目）するように考えよう。先ず今日の予を迎えに出られた各々方に、そうなって貰わねばならぬ」という風に諭され、次いで、信心決定の後、他の人々を勧化して行く方法を指示されたでしょう。恐らく多屋の主が、各々の家族（大きな多屋の場合は、幾つかの世帯共同で、多屋監理に当たっていたかと思います）全員を信仰に導くよう義務づけられ、それから、全家族挙げて、多屋に投宿する人々に教を説くべく、定められたと思います。この指示は、相当具体的に、誰が誰々をという風に、受け

持ちまで決められたのではないでしょうか？　一座の人々は蓮如上人お帰りということで、一旦、大喜びしたものの、今後、毎日聞法と勧化に努めねばならぬと知って、これは大変なことになったと気付いたでしょう。

文明五年十月初の蓮師帰還以後の吉崎の空気は一新していました。寺内町一丸となって、聞法に驀進しました。先ず多屋衆、中でも内方達が一堂に会して、法座を聞きました。お互いに、銘々の心の内を披瀝《ひれき》し合い、それを批判し合ったりしたでしょう。そして、疑問が起ると、みんなで本坊をお訪ねして、直接上人の教えを請うたに違いありません。

同年九月十一日付の御文の書出しは、次のようです。

そも〳〵吉崎の當山において他屋の坊主達の内方とならんひとは、まことに前世の宿縁あさからぬゆへとおもふべきことなり。それも後生を一大事とおもひ、信心も決定したらん身にとりてのうへのことなり。しかれば、内方とならんひと〴〵はあひかまへて信心をよく〳〵とるべし。それまづ当流の安心とまふすことは、おほよす浄土一家のうちにおきてあひかはりて、ことにすぐれたるいはれあるがゆへに、他力の大信心とまふすなり。されば、この信心をえたるひとは、十人は十人ながら百人は百人ながら、今度の往生は一定なり、とこゝろうべきものなり。

〔全篇二十八、帖内一ノ一〇〕

そして、続けて、「安心」とは何か、弥陀如来は特に女人を救おうという願を立てられた、また、弥陀を「タノム」とはどういうことなのか、など、問答の形式で教を説いておられます。

ここで、近頃あまり聞き慣れない言葉としては、

宿縁《しゅくえん》　「すくえん」ともよむ。①過去の因縁。過去世につくった因縁（原因と条件）。宿因。前世からの約束。宿世のえにし。〈『往生要集』大八四巻き九四七上〉〈『佛法夢』〉〈『秘密安心』〉②佛の方から、前世において、衆生に結ばさせられた縁をいう。〈『教行信証』一〇〉解釈例　宿世の因縁。……其の宿縁と云ふは、法蔵菩薩の五劫思惟の永いこと。〈《円乗》一八一〉

〈佛教語大辞典・中村元〉

イチダイジノゴショウ　【一大事後生】後の世に於て迷ひの世界に入るかは、この世に於いて、之より大切なることとなき故に一大事といふ。何故なれば、余の事は取返しがつくけれど、この後生ばかりは、今度取損うたれば、取返しがつかぬからである。御文一帖目第十通に「後生を一大事とおもひ」とあり、又改悔文に「我等が今度の一大事の後生、御助け候へとたのみ申して候」等と御文には諸所にこの語がある。

〈真宗辭典・河野法雲〉

右の二語ぐらいでしょうか。その外はあまり難しくないと思いますが、一応現代語風に書いてみますと、

この吉崎の山にある多屋の主の奥方となるような人々は、確かに前世の御縁が浅くなかったか

らだと思うべきです。但しそれは、後生に極楽往生ができるかどうかが、大事な問題だと思って、信心の定まった身になった上での話であります。だから奥方となるような人々は、充分に心を砕いて信心を取られるべきです。

さて我が浄土真宗で説いている「安心」ということは、浄土門の諸宗の中でも特異な、殊の外すぐれた教義であるから、「他力の大信心」と言われているのです。だから、この信心を得た人は、十人いれば十人共、百人いれば百人共、此の生での往生は、間違いなくきまっています。そう考えてよろしい。

尤も、上人が山中温泉を経て、藤島超勝寺へ赴かれたのは、この御文述作の数日後です。ですから、内方達の勧化の必要なことを、早くから気付いておられ、彼女達も屢々本坊で、上人を囲んで、種々お話を伺っていたと思われるのです。

本御文の初めに、「他屋の坊主達の内方」とありますが、その「他屋の坊主」、つまり一軒毎の他屋の監理責任者の中の何人かが、この年の十月初めに、超勝寺へ蓮師をお迎えに行ったと思います。そこで、先ずこの人達が、吉崎帰着早々、分担して、寺内町に残留していた他の他屋坊主達に、蓮師のお言付けを伝達し、次に坊主達全員が、各々の内方に、何とか信を取らせるよう力を尽くし、そして内方達が、それぞれの他屋に投宿している参詣者達に、法を説き勧めると言ったような伝導網が作成され、そして実行に移されて行ったと考えられます。

こうした聞法への取組みで、寺内町全体に、次第に求道への熱意が昂まって行ったのでしょう。

ただ、応仁の乱の地方への波及で、北陸でも、東西両軍の決戦は近付いており、吉崎の防衛力強化は緊急を要し、それに、門内外多屋は、一致協力して、要塞構築に励まねばならず、文明五年は、秋から冬にかけて、繁忙を極めていたでしょう。

ところで、前にも一度言及したかと思いますが、この頃、松長の慶順、福田の乗念という二人の上人のお弟子が、相次いで死去しています。共にそれぞれの多屋の主であったようです。後者は六十歳ですが、前者はわずか二十二歳です。帖外御文（御文全篇、四十六、四十七）で、上人は両名の死を悼んでおられます。これに類したような記述は、この前後に全く見られず、大いに異聞《いぶん》のことと驚かされます。しかもこの不幸続きを取り上げて、上人が書き残されたについては、余程の衝撃を受けられたからに違いありません。上人以下、寺内町全員挙げて、門徒勧化に邁進《まいしん》していた様子が推察されるというものでしょう。この二人は、上人お示しの教化運動に献身して、過労の為、不治の病を得たのではないかという気がするのです。

こんな間にも、北陸の争乱状態は愈々激しくなり、加越国境地帯で、朝倉・甲斐勢の衝突が繰り返されている一方で、已に加賀に戻った富樫政親は、弟幸千代と合戦を始めます。都の将軍や管領からは、蓮師の許へ、東軍に味方するよう密令が出されたとも言われ、朝倉孝景からも、参戦が促されているように思われます。

十月には、吉崎の多屋衆も評定して、有事には合戦も已むなしと決議しています。将軍家や守護孝景と交誼があり、他方、富樫幸千代と専修寺門徒が手を結んだ状態となっては、蓮師としても、ここで苦渋の決断を余儀なくされたのでしょう。戦乱に巻き込まれない中に都へ帰るか、吉崎に留まって、宿願の布教伝道の成果を見極めるかの二者択一が迫られているのを、上人は山中や藤島にあって、已に明察しておられたことでしょう。

蓮師自身、それまでよりいっそう熱心に、説法に勤めておられました。先に二帖目の第一通の解説をした中で引用した帖外御文・全篇三十六は文明五年十月三日の作で、今読んだ御文・全篇五十一は文明六年正月廿日に書かれています。その間僅か三ヶ月半で、十五通もの御文が作成されたわけです。でもその期間に為された説法のほんの一部が書き留められたに過ぎないでしょう。

北陸動乱の危機に、作り上げたばかりの大教団を守り抜くべく進路を模索するかたわら、門徒教化の為にも、渾身の力を上人は振り絞っておられたのです。

そして、その努力は報いられました。文明五年十一月廿一日から廿八日まで、七昼夜の報恩講に、吉崎の御山に犇《ひしめ》く道俗男女の説法が湧き上がりました。上人の生涯に於いて、否、数百年の真宗史の中で、このお七夜ほど、充実した信仰の時が流れたことはなかったでしょう。外敵襲来の危険を感じつつ、と言うよりも、その為にいっそう、吉崎の人々の心は一つに結ばれたと思います。先に、文明五年十二月八日に書かれた二帖目第一通で読みました……

　多屋内方モ　ソノ　ホカノ　人モ　大略信心ヲ　決定　シ　給ヘル　ヨシ　キコエタリ　メテ《で》
タク　本望　コレニ　スク　ヘ《べ》カラス《ず》

には、上人の満足感が滲み出て感じられます。

そこで、本五十一――一の御文に話を戻しますと、和歌の前後が異質で、何か木に竹を接いだようになっているのについて、前年九月の超勝寺での会談が想起されて、それが前、中段として書き留められたのであり、後段は、本文執筆当時の作者の心境であるからだ、という読解法を私は提案します。

山中から藤島への旅は、吉崎布教を諦めた帰洛への道中でした。にも拘らず、多屋の面々が追いかけて来たことに対し、上人は焦立ち紛れのかなりの意地悪を言ってしまわれた。それも執拗に過ぎるくらい、十一行目から、廿行目にかけて、私の区分しました中段全体に亘って、率塔婆の功徳を述べて、「佛道をならんたね」になるとまで言い切られました。それが上人の本心ではないのは、言うまでもありません。

「一見率塔婆永離三悪道」というのは、民間の言い習しで、そんな言葉は、どんなお経にも見当らないそうです。「経文にいはく」（十二行目）とありますが、これも本気であるとは考えられません。

我ながら言い過ぎであった――と、後になって気付かれ、私が五十一―二として、『蓮如上人全集』第二巻に掲載しましたような別文と、自ら置き換えられたのではないかと、私は想像します。後段は、がらっと変って、明るい話題です。ただ春になって心が長閑《のどか》なのではありません。「信心決定のひとおほけれぱ、こゝろのどけし」（廿八行目）という文末の一言に、一生を伝導者としての使命に賭けて来た人の、溢れるような充足感が感じ取られるのです。

四十三歳までの不遇な前半生を、発展しつつも、比叡山の干渉に、畿内を転々とした十数年を、そして盛運を賭して決行した来越を……当《まさ》に荊棘の道の果に成し遂げたこの聖業。

秋をば三ッ夏をば二ッ……（廿四行目）

吉崎滞在の文明三年の秋、文明四年の夏……という風に、あの時にはあんな事があったと、四季の一つ一つが、上人の脳裏に、浮かんでは消えているのです。

大教団は出来上がった。然し形ばかりで内実が伴わなければ何にもならない――それで再び大決断をして、上京の途についた――あの時の自分の心は暗かった。然し、結局みんなで私を引き留めてくれてよかった。今や吉崎には信心が充ち溢れている。

暗い前・中段と対照的な喜びの後段。文章作家としての上人の手法が、ここに見られます。

初めから、今（文明六年正月廿日現在）の喜びを認めようとして、作者は筆を執りました。ところがふと昨秋の超勝寺のことが頭に浮かびます。――あの時、予は種々小言を言ったが、多屋衆が何やかや言訳するので、つい焦立って、「予に向かって手を合わせて拝むのを、かねがね禁じているではないか」と叱ったのを思い出されました。それくらいなら、わざわざ吉崎へ来るより、そのあたりの率塔婆でも拝んでおきなさい……。

然し今は参詣者達の心得はすっかり変った――そして、「当山での「四ヶ年」の春夏秋冬を回顧して、「秋さりて……」の「五文字」が、上人の口をついて出た、ということなのです。そういうわけで、

去年霜月のころよりこのかた

の書出しは、初・中段を跳び越えて、本来、いきなり後段に繋がるべきものでしょう。

冒頭部分をもう一度御覧下さい。――男女老少が「当山へ群集」したのは、文明三年の秋「よりこのかた」でしょう。この御文の書かれた時からの「去年」なら、文明五年になってしまいます。また、（出入禁止）の成敗をなした（二行目）のは、文明四年の正月だったでしょう。ですから、これも「去年霜月」には繋がりません。去年霜月というのは、吉崎の御山の雰囲気が一新した文明五年の報恩講のことなのです。一行目のこの言葉は、ですから、廿六行目の去年の霜月七日（十一月七日ではなくて、七日間の報恩講）に一致するのです。

感動に溢れたこの七日間の喜びを書く為に著者は筆を執ったのです。然し彼としては、何時ものように、法を説く為に机に向ったのであって、単に感想文を書くつもりはなかったのです。「真実の信心」を「男女老少」に「決定」させる為には、佛法が心に滲みる（廿六行目）ように説かねばならぬ。……そこで、越前・加賀・能登・越中から参詣に群集した門徒達を、心ならずも門前払いにした文明四年の春（一、二行目）以来、何とかみんなの不心得を正そうと苦心して来たことが思い出されたのです。中段の最後の、

よく〳〵こゝろうべきものなり。

は、従って、極楽往生決定（五行目）の為にはどうしたらよいのか、よくよく考えなさい――という気持で書かれたのであって、「信心のない者は、率塔婆を拝めば、「佛道をならんたねになる」と、「よく〳〵こゝろうべ」し――という風に繋いで考えるべきではないと思います。

そういうわけで、本御文を読むに当っては、普通の散文のように、日時の経過だけを辿るだけで

は、呑み込み切れないものがあります。時間ではなく、論理の順序を逐って読むべきではないでしょうか。換言すれば、心得違いから正しい心得へ、不信心から信心への道程を読み取る必要があるかと思います。或いは、論理さえも一応離れて、信仰的感性（こんな言葉が果してあるかどうか知りませんが）とでも言うべきものの流れを、聞くべきではないかという気がするのです。

御文の荒び

この作品を、いわば文学的に見る時、文明六年正月廿日、机に向かった作者は、前の年の報恩講のことを思い浮かべたと考えられます。彼は筆を下して、

去年霜月のころよりこのかた

と紙の上に墨を走らせました。吉崎の御山中《じゅう》が信仰の熱気に燃え上ったその七日間の状景が、彼の脳裏に蘇ります。本坊の堂内でも、寺内町のどの街角でも、犇く群集の表情は、法悦に輝いていました。古今高僧と謳われる人々の中で、これだけの成功を克ち得た者があっただろうか？　誠に布教者名利に尽きる七昼夜でした。

次にそこへ到達するまでの艱難辛苦に、彼は思いを馳せました。彼は時をどんどん遡って、本願寺法主職を継承（長禄元・一四五七）して早々の教化活動の爆発的な成果以来、比叡山の嫉視迫害を避けけて畿内各地を転々とした日々を回想します。

そして畿内布教は諦めざるを得ない、どこかへ転地しなければと決心した時のことを。それから移住先をどこにしようか——濃尾平野か、吉野の山中か、それとも母の里だった西国か……最後に北陸、それも吉崎と決めました。

でもそれからも大変でした。近くにある本願寺の末寺である本覚寺へ現地の状況を打診したり、そのあたりの坂口荘の領主である興福寺大乗院門跡・経覚に依頼しに奈良へ行ったり、やがて越前守護になるに違いない朝倉孝景に面談を求めたり——あれは傲慢不遜な男であった。

こうして何年もかけて吉崎移住の準備ができると、叡山の目を避ける為に、夜陰に乗じて、舟を漕ぎ出し、堅田から水軍に守られて琵琶湖を縦貫した文明三年(一四七一)の旅のことが次々に走馬燈のように彼の胸の中を過《よぎ》りました。

当《まさ》に乾坤一擲の大決断でした。ところがこの逃避行が一挙に「丁」と出たのです。もう雪の季節も近いというのに、まだ仕上り切っていない吉崎の御山へ、北陸一帯から参詣の人々が押すな押すなと詰めかけて来る——或る程度の目算はあったが、愚老もこれ程上首尾に運ぶとは、よもや考えていなかった……

回想にふけっていた作者は、我に復《かえ》って、筆を硯に浸けます。

当国加州能登越中のあひだより……

と書き継ぎます。(それで冒頭の「去年霜月……」は、文明六年正月廿日現在から見てのことだったことは忘れてしまって、吉崎で初めて一冬越した次の春の文明四年の時点に、作者の頭の中が切り換っていました。)蓮師はそのまま、四行目の頭「……とおもふなり」まで、一気に筆を運ばせました。

確かに、建立早々の吉崎の繁栄を、愚老は見誤っていた――と彼は述懐します。真剣に佛法聴聞を志す者は少なくて、ただ人真似ばかりに物見遊山に来る者が多かった。それで「他宗他寺の偏執」を気使って、御坊の門を閉めさせた。

門徒達の不心得で歯痒さを憶えたことは他にも種々ありました。それで、随分思い悩んだ揚句、折角緒についた北陸教化でしたが、これを中断して帰京することにしました。然るに藤島の超勝寺まで行ったところ、多屋衆が大勢、後を追って来て……

「あ、、あれは大変なことだった！」

ここで、蓮如上人の回想は、文明五年の初秋に飛びます。

「本堂の中で、あたりが暗くなるまで話し合った。随分重苦しい雰囲気であった」

そう思いながら、独りで笑えて来ます。

「つい腹立まぎれに、率塔婆を拝めなどと言ってしまったが……」

上人の屈託のない笑声に、傍《かたわら》にあった如勝尼は、驚いて振り向きます。そこで上人は、「文《ふみ》を書くのを忘れていた」と気が付いて、筆を執り直して、今度は一気に、

「あひかまへて〳〵率塔婆をおがむべし云々……」

と、廿行目まで書き終えられます。そして三度《みたび》、筆を擱《お》き、障子に面した日本海の方を眺められると、遠く岸打つ波の音が聞えて来るのです。しばらくすると、和歌が一首、心に浮かびました。

「秋さりて……」

その心は、今度は現在の充ち足りた気分に戻っています。去年の報恩講以来、寺内町の空気は一

変し、今や全山法悦に溢れている。周到な準備をして吉崎へ来て、こゝでまた散々苦労したが、やはりその甲斐はあった。

文明六年甲午正月廿日

最後に日付を書き記した上人は、ほっとして日本海の波の轟や、松の梢を過ぎる風の音を耳にしつゝ、文明第三の秋のころより四ヶ年の北陸の春夏秋冬を、繰返し述懐するのでした。

全篇五十八

五十八

前段第一節

夫文明弟三の天五月仲旬のころ、江州志賀郡大津三井寺のふもと南別所近松を風度おもひたちて、此方にをいて居住すべき覺悟におよばず、越前加賀の両國を經廻して、それよりのぼり、当國細呂宜の郷吉崎といへる在所いたりておもしろきあひだ、まことに虎狼野干のすみかの大山をひきたへらげて、一宇をむすびて居住せしむるほどに、當国加州の門下のともがらも、山をくづしまた紫築地をつきなんどして、家をわれも／＼とつくるあひだ、ほどもなく一年二年とすぐるまゝ、文明弟三の暦夏ごろより當年まではすでに四年なり。

前段第二節

しかれども、田舎のことなれば、一年に一度づゝは小家なんどは焼失すといへども、いまだこの坊にかぎりて火難の儀なかりしかども、今度はまことに時尅到來なりける歟、当年文明弟六三月廿八日酉の尅とおぼへしに、南大門の多屋より火事いでゝ、北大門にうつりて焼しほどに、已上南北の多屋は九なり、本坊をくはへてはそのかず十なり。南風にまかせてやけしほどに、時のまに灰燼となれり。まことにあさましといふも中々ことのはもかなりけり。

後段第一節

12 ば、人間はなにごともはやこれなり、まことに三界无安猶如火宅といへるも、いまこそ身に

しかれ

13 はしられたり。これによりて、この界は有无不定の境なれば、いかなる家いかなるたからな

14 りともひさしくはたもつべきにあらず。

たゞいそぎてもねがふべきは彌陀の浄土なり、いま

15 一時もとくこゝろうべきは念佛の安心なり。されば、身躰は芭蕉のごとし、風にしたがひて

16 やぶれやすし。かゝる浮世にのみ執心ふかくして、无常にこゝろをふかくとゞむるは、あさ

17 ましきことにあらずや。

後段第二節

いそぎ信心を決定して、極楽にまひるべき身になりなば、これこそ

18 真実々々ながき世のたからをまふけながき生をえて、やけもうせもせぬ安養の浄土へまひり

19 て、命は无量无邊にして、老せず死せざるたのしみをうけて、

あまさへまた穢國にたちかへ

20 りて、神通自在をもて、こゝろざすところの六親眷屬をこゝろにまかせてたすくべきものな

21 り。これすなはち還來穢國度人天といへる釋文のこゝろこれなり。あなかしこ〳〵。

文明弟六暦甲午四月八日吉崎の他屋にて書之

（名塩本二ノ二四、全集三九、遺文五八）

全篇五十八

五十八

前段第一節

1 夫文明弟三の天五月仲旬のころ、江州志賀郡大津三井寺のふもと南別所近松を風度おもひた
2 ちて、此方にをいて居住すべき覺悟におよばず、越前加賀の両國を經廻して、それよりのぼ
3 り、当國細呂宜の郷吉崎といへる在所いたりておもしろきあひだ、まことに虎狼野干のすみ
4 かの大山をひきたへらげて、一宇をむすびて居住せしむるほどに、當国加州の門下のともが
5 らも、山をくづしまた紫築地をつきなんどして、家をわれも〳〵とつくるあひだ、ほどもな
6 く一年二年とすぐるまゝ、文明弟三の暦夏ごろより當年まではすでに四年なり。

前段第二節

7 しかれども、田舎のことなれば、一年に一度づゝは小家なんどは焼失すといへども、いまだこ
の坊に
8 かぎりて火難の儀なかりしかども、今度はまことに時尅到來なりける歟、当年文明弟六三月
9 廿八日酉の尅とおぼへしに、南大門の多屋より火事いでゝ、北大門にうつりて焼しほどに、
10 已上南北の多屋は九なり、本坊をくはへてはそのかず十なり。南風にまかせてやけしほど
11 に、時のまに灰燼となれり。まことにあさましといふも中々ことのはもかなりけり。

後段第一節

12 しかれば、人間はなにごともはやこれなり、まことに三界无安猶如火宅といへるも、いまこそ身にはしられたり。
13 これによりて、この界は有无不定の境なれば、いかなる家いかなるたからな
14 りともひさしくはたもつべきにあらず。
15 たゞいそぎてもねがふべきは彌陀の浄土なり、いま一時もとくこゝろうべきは念佛の安心なり。されば、身躰は芭蕉のごとし、風にしたがひてやぶれやすし。
16 かゝる浮世にのみ執心ふかくして、无常にこゝろをふかくとゞむるは、あさ
17 ましきことにあらずや。

後段第二節

18 いそぎ信心を決定して、極楽にまひるべき身になりなば、これこそ真実々々ながき世のたからをまふけながき生をえて、やけもうせもせぬ安養の浄土へまひりて、
19 命は无量无邊にして、老せず死せざるたのしみをうけて、
20 あまさへまた穢國にたちかへりて、神通自在をもて、こゝろざすところの六親眷屬をこゝろにまかせてたすくべきものなり。

21

これすなはち還來穢國度人天といへる釋文のこゝろこれなり。あなかしこ〳〵。

文明弟六曆甲午四月八日吉崎の他屋にて書之

（名塩本二ノ二四、全集三九、遺文五八）

今回から、御文全篇五十八を学んで行くことに致しましょう。前回までは、全篇五十一―一、それより以前は、全篇四十八を熟読吟味して来ました。これらは皆、五帖御文に含まれない、俗に帖外御文と呼ばれている作品ばかりであります。

帖外御文はそれ故これで三作目ですが、それというのは、更にその前に、五帖御文・一帖目第八通を読みつつ、文明三年に於ける蓮師の事蹟の解明に努めた後、四十八で、文明四年、五十一―一で、文明五年のそれぞれを眺めて来ましたので五十八では、文明六年の蓮師、並びに蓮師を取り巻く周囲の状勢を、篤と観察したいと思うのです。

大体、偉人は生涯をかけて、一つの大きな仕事を成し遂げますが、その仕事の成就の為の決定的瞬間とでも言うべきものがあると、私は思うのです。それは概して劇的なものです。瞬間と言っても、時によって、それが数年間に亘ることもあります。そして、蓮如上人の場合、それは吉崎時代であったと考えます。

蓮師一代の功業とは、一口で言えば、佛法の興隆です。京都の東山の麓にひっそり建っていた小寺を、日本最大の佛教教団に仕上げたことです。彼は八十五歳の生涯の後半、四十三年を、浄土真宗布教の為に捧げました。ただ、それが成るか成らぬかは、短い四年間の吉崎滞在で決りました。

布教と言っても、ただ徒らに信徒を増やせばよいというものではありません。勿論、それにしたって、常人の到底及ぶところではありませんが。第一に、人が大勢集まっても、銘々が正しい信仰心を得るのでなければ、何にもなりません。第二に、教団が大きくなる途上で、外部、いわば第三者からの反撥が激しくなるのが世の常です。平たく言って、その辺の折合いをつけられるか、つけられないかで事の成否が決まると言ってよいでしょう。

布教は、未曾有の大成功でした。文明三年の後半、それも秋の一季節だけなのに、建立早々の吉崎御坊へ、人々が黒山のように群参して来ました。

ところが上人は、右に挙げた二つの難題に、教団が直面しているのを、早くも見て取って、文明四年年頭に、吉崎閉門という大英断を下されます。これは極めて危険な賭だったでしょう。然しその点は上人のお人柄か、教団は発展を続け、外部からの敵対行為もなく、その年は比較的平穏に暮れます。

文明五年は、富樫政親の帰国で、北陸に戦雲が漂います。門徒の間に主戦論が昂《たかま》ってきたことなどから、蓮師は俄に帰京の途につかれます。これは二度目の大きな賭だったでしょう。この計画の挫折は、却って好結果を齎し、多屋の人々の「大略信心決定」という喜ばしい事態となります。

前回の御文にあった和歌に、上人のほのぼのとした幸福感が読み取れますね。生涯で最も充足した正月を、上人は迎えられたと思います。浄土真宗の本願寺を盛んにするという蓮師一生の願が叶えられたのですから。

こうして迎えた文明六年はどうだったでしょうか？　それをこれから我々は、この全篇五十八を頼りに解明を試みて行きましょう。ここに蓮如上人の生涯にとって決定的な、彼の吉崎時代の中でも、頂点とも言うべき、劇的瞬間に遭遇するのです。それは応仁の乱の歴史にとっても、特記すべき大事件、即ち文明の一向一揆です。しかも我国の歴史の中に、この名が初めて登場するのです。そしてそれは輝かしい勝利に飾られます。

　ともかく、本文を読んでみましょう。

　では先ず語彙について考えます。

一　語　彙

2　覚悟　①悟る事。道理を知る事。②知る事。存知。③前以てする心構え。用意。④あきらめる事。思い切る事。〈岩波古語辞典〉

3　野干《やかん》　狐　〈岩波古語辞典〉

5　柴　山野に生えている小さい雑木。また、それを薪用、垣根用に切ったもの。〈岩波古語辞典〉

5　築地《ついぢ》　（「築泥つきひぢ＝（どろ）」の転）柱を立て、板を心としてドロで塗り固め、屋根をカワラでふいた垣根。〈新明解古語辞典・三省堂〉

9　酉《とり》　午後五時—午後七時

12　三界天安猶如火宅　三界は安きことなく、猶、火宅の如し「妙法蓮華経・譬喩品」
一切の衆生が生死輪廻する三界を燃え盛る居宅に喩えていう表現。われわれの住むこの世は苦しみが絶えることなく、あたかも焰に包まれた家の中にいるように、ひとときも心の安まることはない意。

三界は欲界、色界、無色界　欲界は kāma-dhātu 欲望の世界。色欲、貪欲、財欲など欲望の強い有情の住む世界で、上は六欲天、中は人間界、下ほ八大地獄までのすべてを含む。色界は rūpa-dhātu 物質の世界の意。欲界の上方にあり四禅（四種の禅定）を修めた者が死後に生れる世界。初禅天から第四禅天に大別される。無色界は ārūpya-dhātu 物質を超越した世界。肉身をはなれ、物質の束縛から脱して、心の働きだけがある世界、識無辺処、空無辺処、無所有処、非想非々想処の四天がある。

16 執心　事物に固執して離れない心。執着心。とらわれの心。〈佛教語大辞典・中村元〉

18 たから　①貴んで大切に秘蔵するもの。②特に、金、銀、金銭。〈岩波古語辞典〉

18 安養《あんにょう》　阿弥陀佛の浄土のこと。また楽邦・極楽とも言う。心を安んじて身を養うが故に、かく名づける。

20 六親　身近な六種類の親戚　父・母・兄・弟・妻・子の称。〈新明解古語辞典・三省堂〉

20 眷属《けんぞく》　親族、一族。

21 還來穢国度人天　極楽浄土に往生した人が再びこの世に還って来て、衆生を済うこと。（平家物語に見える）

以上で字句については一応呑み込めましたので、今度は全文を段落区分してみましょう。

二段落

ざっと見たところ、前半には事実関係が述べられ、後半が説法となっているのは明らかであります。で、その通り、本御文を前段と後段に分けましょう。

事実関係を表した前段は、ちょうど真中、「……中々ことのはもなかりけり。」と結ばれています。前段の中、これも概《おおむね》前半分、「当年まではすでに四年なり」は、蓮師が、南別所から吉崎まで来て、そこに寺内町ができて、足掛け四年の逗留をした、という過去の経緯が物語られています。後半分は、御山が火事に遭ったという現在のことを報知しています。それで、前段をこの二つに分けて、それぞれ「第一節」「第二節」としましょう。

後段もまた、略中程、十七行目の「……あさましきことにあらずや」で区切ると、それ以前は、この世の無常を説き、それ以降は、極楽往生を勧めています。それで、これらも、一応、「第一節」「第二節」と名付けましょう。

後段・第二節もまた、中程十四行目「……ひさしくはたもつべきにあらず」までは、主として、外界の無常な有様、そのあとは、人間の内なる問題、と分けて説いているようです。で、これらを「第一項」「第二項」としましょう。

後段・第二節も、やはり、十九行目、「……たのしみをうけて、」の所で、大体半分ずつにできます。前半は、「極楽にまひる」〈古語の仮名遣いとしては〈まゐる〉〉話、後半は極楽から、この世に還って来る話になっています。そこで、第二節も、第一節と同じく、「第一項」「第二項」と分けて考えましょう。
以下に段落を図示します。

- 前段　事実関係
  - 第一節　転居　(1)…(6)すでに四年なり
  - 第二節　火難　(6)しかれども…(11)ことのはもなかりけり
- 後段
  - 第一節　无常
    - 第一項　三界无安　(11)しかれば…　(14)たもつべきにあらず
    - 第二項　執心　(14)ただいそぎても…　(18)あさましきことにあらずや
  - 第二節
    - 第一項　極楽にまひる　(17)いそぎ信心を…　(19)たのしみをうけて
    - 第二項　穢國にかえり　(19)あまさへ…(21)…

では本御文を現代語風に書いてみます。

三　文意

前段

第一節

さて、文明三年五月中旬頃、江州志賀郡大津三井寺の麓の南別所である近松に、ずっと住んでいる気持もなかったので、急に思い付いて、越前、加賀の両国を廻って歩いた後、それから都の方角へ向かって、当越前の国の細呂宣郷吉崎という在所へ来てみると、そこが大へん景色がよいので、全く、虎や狼や狐達の住処の大山があったが、それを地均しして、寺を建て、住むことにした。そうすると、越前や加賀の門徒の人達も、同じように山をくずしたり、柴で垣根を築いたりして、我も我もと家を造ったりしたが、直ぐ一年、二年と経ってしまって、文明三年の夏頃から今年まで、もう足掛け四年になる。

第二節

けれども、田舎のことだから、一年に一度ずつは、小さな家などは焼けるのだけれども、まだこの寺に限って、火事に遭うことはなかった。だが今度は、実に時節到来ということなのだろうか？　今年・文明六年の三月廿八日、夕方の五時頃だったと思うが、南大門の多屋から出火して、北大門に飛火して焼けた。多屋は南北併せて九軒ある。それに本坊を足すと十軒になる。これらが南風に吹き煽られて焼けたので、あっという間に灰燼に帰した。全く、浅間しいとも何とも、言いようもないことだった。

後段
第一節
第一項
このように、何事も、人間界では、こういう有様なのだ。まことに、「我が住む三つの世界は、火事で燃えている家の中のようで、一時も心の安まることはない」というお経の言葉が、今こそ身に沁みて感じられる。そういうわけで、この世界は、在る物も何時無くなるかわからないという所だから、どんな家、どんな宝であっても、長く持っていることはできないのだ。
第二項
ただ一寸でも早く往きたいと願われるのが、阿弥陀佛の浄土である。今、一時も早く心得るべきことが、念佛を称える安心の境地である。我々の体は芭蕉の葉のようなものだ。風に吹かれると、すぐ破れてしまう。こんな浮世なのに、それに執着ばかりしていて、うつろい易く、常でない物事に、どこまでもこだわるのは、浅間しい事ではないだろうか?
第二節
第一項
それよりも、急いで信心を決定して、極楽へ往ける身になったら、これこそ、悠久の世という宝物を貰い、永遠の命を得て、焼けもせず、なくなりもしない、心安らかで、身が養われるという浄土へ行くならば、命は無量無辺となり、年をとることもなく、死ぬこともないという楽しみを受けられるのだ。
第二項
それだけでなく、この穢れた国へ戻ってきて、神通自在に、常々思っていた身内の人達を、思い通りに助けることができるのだ。「極楽浄土に往生した人が、再びこの世に還って来て、衆生を済う」という釈文の意趣は、こゝにあるのだ。あなかしこあなかしこ。

文明六年、甲午《きのえうま》四月八日、吉崎の多屋で、これを書いた。

四　讃嘆

言葉の意味も調べ、文章も段落に分けて、その意義も現代語風にしてみましたので、大要は把握できたかと思います。

そこで今度は、一旦、字句や文脈を離れてもう一度、本通について考えてみましょう。何よりも先ず印象を受けるのは、人生に対して著者の持つ壮大な視野です。誰もが慌てふためく火事という災難に遭って、著者は全く心動じていません。

これは文明六年三月廿八日（8〜9）のことでした。ところが文の書き出しは文明三年（1）です。この事件を、三年も前に遡って語るとは、どういうわけでしょう？　その間已に、足掛け四年も経ています（6）。——これには著者の深い思い入れがあると見なければなりません。

吉崎布教は、彼の来越早々、空前の大成功を収めたことは何度も述べました。然るに到着の翌年正月に、出来上がったばかりの寺の門を閉めてしまいました。秋と冬の二つの季節だけで、もう布教打ち切りにしようとしたのです。

次に文明五年、九月になって、今度は帰洛の途につこうとした。——ということがあります。

蓮師は四十三の歳まで、ずっと部屋住みの生活で、殆ど社会的活動ができなかった。その後教化の仕事が、目覚ましく開始されますが、それを嫉視した比叡山が、本願寺に迫害を加えます。その為畿内周辺で布教を続けるのは不可能と知って、熟慮の末、吉崎転出が考え出されます。それをやっと実行に移せるまでになった文明三年、上人は已に五十七歳です。生涯の間に浄土真宗を必ず繁栄に導くと心に誓っていた師にとって、今度こそ、本当に最後の機会《チャンス》であったのです。勿論それが成功するかどうか、敢て都を遠ざかって事を行うのは大きな賭でした。

ところが、忽ち雲霞の如く群集が詰めかけるという、空前の成果が得られたのです。本願寺は、一挙に我国最大の教団に成長します。一生の願は、こうして叶えられました。こんな状態になった時、どんな人でも考えるのは、自分の事業は、どこまでも、限りなく発展するに違いないということではないでしょうか？　これは、一個人の場合だけでなく、一国家とか、更には広く人類に関してもそうです。人間は皆、永遠の未来という理念に惑うものです。

これに対し、「諸行無常」というのが佛の教です。そして言うまでもなく蓮如上人は佛法を深く心に体しておられました。上人の心情、生活、行為、凡てにそれが滲み出ています。

「无常にこゝろをふかくとどむるは、あさましきことにあらずや」(16〜17)

とここにも書かれています。

吉崎の繁栄にも、ですから些かも眩惑されることはなかったのです。已に北陸行脚の当初から、何時でもこの計画を切上げる心の準備はできていました。

つくべき縁あればともない、はなるべき縁あれば、はなる……

と歎異抄にもありますが、佛法を弘める縁がある限り、自分は吉崎に留まるが、その縁が尽きたと思われたときは、潔く立ち去ろうと、何時でもその覚悟が上人にはできていました。何年もかかって案を練り、またぬかりなく、あらゆる手を打った後の来越決行だったにも拘らず、「浮世」への「執心」(16)を離れておられたのです。深く心に期するところのあった、上人一代の間に於ける真宗の興隆、という一事についてさえもそうであったと私は思います。

ですから、出来上がって半年も経たない吉崎御坊の門を閉めてしまったし、その次は丸二年後の文明五年秋に帰京の旅に上られたのです。その二回とも、蓮師にとっては、吉崎生活の区切りでした。そして今度は足掛四年目の「火難の儀」(8)であります。

今度こそ終りかも知れない——という気持は、本通起草に筆を走らせる著者の心を過《よぎ》ったかもしれません。何故私がそう思うかと言えば、「讃嘆」の初めに一寸問題提起した——何故この御文を文明三年五月の時点まで遡って書き出したかについてですが——それはこの御文を書く蓮如上人の脳裏にこの時、それまでの吉崎生活が回顧されたからです。已に幸い二度も吉崎滞在を諦めかけた、そして今度が三度目だ——ということです。

実はこの三度目も、吉崎居住打切りということにはなりませんでした。それはそれとして考え方によっては、このように淡々とした上人の心構えが、却って吉崎布教の大事を彼に成さしめたとも言えましょう。

火事の状況、経過

次に火事の模様を考えてみますと、火が南大門から出て北大門に移った(9)というのですが、これは別に飛火とか引火という意味ではないでしょう。この両大門の間には、百メートル以上の隔たりがありますから。その間を馬場大路と呼んだようですが、古図などによれば、両大門は塀で繋っていて、それに沿うて九軒の多屋がありました。これより内側は、城になぞらえるならば、本丸に当たる部分です。本坊、庫裡などは、そこに点在していたので、これら諸堂宇が、南風にまかせて（10）つまり、南から北へ次々に類焼していったのでしょう。御山の最も高い個所、即ち本丸が全焼したのです。

これは当に大火事です。吉崎中が多分上を下への大騒ぎになったと思います。騒ぎは吉崎だけに留まらなかったでしょう。この報は越前加賀の全門徒に伝わり、或いは北陸全体が吉崎炎上の噂で持ち切りになったのではないかと思います。

「時のまに灰燼となれり」（11）とありますから、火の廻りは滅法早かったのでしょう。人々はどのような消火活動をしたでしょうか？　あまり急なことで、殆ど打つ手もなかったかも知れません。湖面から山上にかけては、現在樹木が鬱蒼と繁茂していますが、当時も同様だったでしょう。御山の火災は、その木々に移らなかったのでしょうか？　大急ぎでその何本かを伐採したでしょうか？　若しこの火災が山火事に発展したとなれば、いよいよ収拾のつかないこととなったでしょう。然しそういう記述のないところを見ると、山上の全焼だけで、火事は何とか収まったのでしょう。

それにしても、被害は甚大でした。かなり犠牲者も出た模様で、それについて、言伝えなども今日に残っています。何と言っても、丘の上にできた町ですから、水の便は大へん悪かったに違いありません。

火事の原因

そこで、火事の原因ですが、これについては、未だ以て不明です。失火と放火の二説があります。「酉の尅」（9）と言うのですから、夕餉の仕度時で、例えば多屋の台所から火が出たとも考えられます。

一方、放火説では、吉崎に怨恨を抱く者が、北潟の船着場から、七曲りの道を登って、北大門あたりに放火したという言伝えなどもあります。

先に全篇四十八や全篇五十一―一解説の折に話しました如く、越前、加賀あたりで、本願寺門徒と専修寺門徒などとは、互いに反目し合うようになり、日増しにそれは尖鋭化して、暴力沙汰にまで発展していたとも言われています。富樫政親・幸千代兄弟の加賀一国支配権を巡っての武力衝突も激しくなり、これに南門徒の争いが絡み合って、事態は益々険悪となっていました。この度の火事は、従ってこの敵方の放火だというわけです。

犯人が見付かったのかどうか、そのあたりのところは判然としていません。証拠の有無はともかくとして、多屋の人々の多くは、その時これを放火と思い込んだでしょう。何分周囲の事情が事情でしたから。それどころか、仮想敵方が陣営を挙げて、この凶行を計画したのでは、と疑った人々もあったでしょう。そうとすると、火災で御山が混乱しているのに乗じて、武装集団が一気に攻め上って来る危険があるでしょう。そうとすると、寺内町は急遽防備態勢に入らねばなりません。そんなことが実際行われたかどうかは不明ですが、これが仮令《たとい》放火であったとしても、個人的な怨恨によるもので、計画的な敵陣営の戦略でなかったことは、間もなく判明したことになります。

若し言い伝えが事実だとすると、犯人或いは犯人達は、見事に御坊や多屋の人々の虚を突いたものです。往時の北陸道の岐れである北潟沿いの道（これが吉崎道とか蓮如道などと呼ばれたとのことですが）を進むと、寺内町の入口に来ますが、そこは堀切があって、土塁が築かれていて、警備が厳重だったでしょう。たとえそこを通り抜けても、春日神社を経て、西門へ出ます。ここでもやはり誰何《すいか》されます。それに比べて水路を取れば、御山の真下の船着場へ難なく来られるわけです。

多屋衆達は、敵に裏をかかれたのを、地団太踏んで口惜しがったに違いありません。そしてどんなに憤慨したことでしょう。けれども何もかも後の祭です。

事件から十日経って書かれたこの御文には、怒り狂った寺内町の人々を、宥める意図もあったのではないでしょうか？

但し本通の中では、失火とも放火とも明示されていません。田舎だから、一年一軒家が焼ける（7）とはどういうことなのか、意味不鮮明ですが、こういう偶発事故はあり得るとして、上人が暗に失火と考えておられるように取れないこともありません。「まことに時尅到来なりける歟」（8）は大いに含みのある表現です。何と理解したらよいのでしょう？――これについて、私の連想するのは、蓮師の次のような文の件《くだり》です。

當時《タウシ》　コノコロ　コトノホカニ　疫癘《エキレイ》　トテ
ヒト　死去《シキヨ》　ス　コレ　サラニ　疫癘《エキレイ》ニ　ヨリテ
ハシメテ　死《シ》スル　ニハ　アラス　生《ムマ》レ　ハシメシ　ヨリ
シテ　サタマレル　定業《チヤウコフ》　ナリ　サノミ　フカク
オトロク　マシキ　コト　ナリ　シカレトモ　イマノ
時分《シフン》ニ　アタリテ　死去《シキヨ》　スル　トキハ　サモ
アリヌ　ヘキ　ヤウニ　ミナ　ヒト　オモヘリ　コレ
マコトニ　道理《タウリ》　ソ　カシ

近頃、伝染病だということで、殊の外多くの人が死ぬ。だがこれは決して、伝染病に罹って初めて死ぬのではない。過去の業によって、生まれた時から当然酬いられるべくきめられた果報なのだ。そんなに深く驚くべきことではない。そうは言うものの、今時死去するとなると、如何にもそうだなと人はみんな思うものだ。それも確かに尤もなことである。

これは、五帖御文の四帖目の第九通の初めの部分です。

現在でしたら、さしあたり、天災か人災かで大論争になるところでしょう。災難が起こると、人々は原因究明で大童《おおわらわ》になります。吉崎の火事の場合ですと、多分敵方が火を点けたと知って、みんな悲憤慷慨その極に達したと思われます。

時尅到来

然し蓮如上人は、佛陀釈尊の説かれた「諸行無常」の教えに従って、泰然自若としておられました。――自分は縁があって吉崎へ来た。そこに坊舎を建立すると、大勢の人が集まって、未曾有の繁栄ぶりである。然し物事に始まりがあれば必ず終りがある。一昨年の正月には山門を閉ざした。去年の秋は京へ帰ろうとした多屋衆に引き戻され、「当年中も可越年歟」（全篇三十六）ということになった。未だ吉崎との縁があったのであろう。そしてこの度の「火難の儀」（8）である。建築した物は焼失する時があるのだ。そしてその時が今来たのだ。

蓮如上人は感慨無量で、「時尅到来」と仰言ったのでしょう。この言葉の奥には、憤りとか未練は微塵も感ぜられません。かと言って、此度は、吉崎との縁が尽きたという考えを持たれたわけではありません。感慨無量と言いましたが、この「時尅到来」の一語に、著者のどんな惟いが籠っているのでしょうか？　簡単に、例えば、白か黒か、右か左かという風には断定できない深々の義理が含まれているように思われます。これを究明する為に、ひと先ず、文明五年の秋、上人が、多屋衆の懇望黙し難く、帰路の途につくのを諦め、藤島の超勝寺から吉崎へ引き返された時点まで遡って考え直してみましょう。

右の事実の記載してある御文全篇三十六に、已に私は何度か言及し、五十一—一の讃嘆の条で、吉崎帰還を願い出る多屋衆と上人との会合の模様を、私なりに種々と想像してみました。

つまり、この時点から、寺内町を挙げて、真剣そのものの聞法求道が始まったと私は考えるのですが、然しそれは決して平穏な社会状勢の下に於いてではありません。同じく先述しております如く、富樫政親・幸千代兄弟の争いは、決戦の時に近付きつつあり、高田門徒と本願寺門徒との反目も収拾の目処《めど》が立たず、前者の争いに巻き込まれるのは、もはや不可避と思われて来ました。

このあたりのことについて、故・辻川達雄氏は、『蓮如実伝・北陸篇・下』に、次のように解説しておられます。

> 吉崎では外敵の来襲に備えて寺内町をとり巻く土居が補強され、諸濠が拡幅・浚渫され、柵や逆茂木が構築されるなど、着々と要害が固められていた。
> 一方、多屋の重立ち衆が合議した結論として、「多屋衆」名義の『御文』が文明五年一〇月日付で公表されている。この『御文』は多屋衆の名義であるが、内容からみて蓮如がみずから認めたものであろう。

で、ひと先ずその御文を見ましょう。

右斯両三箇年之間、於二此《ノ》当山《ニ》一占レ居于レ今令二堪忍一根元者、更不《ズ》レ本《ト》二名聞利養《ヲ》一、不レ事二栄花栄耀一、只所レ願為二往生極楽一之計也。而間当国加州越中之内於二土民百姓已下等一、其身一期徒造二罪業一、修二一善一子細無レ之、而空可レ堕二在三途一之間、強依レ為二不便一、幸弥陀如来之本願者、誠以当時之於二今根機一為二相応之要法一上、偏勧二念佛往生之安心一之外无二他事一之処、近比就二牢人出帳之儀一自二諸方一種々雑説中之条、言語道断迷惑之次弟也。愚身更於二所領所帯一且不レ作二其望一之間、以レ何可レ處二其罪咎一哉、不運至、悲而猶有レ余者歟。依レ之心静令二念佛修行一於二其在所一、別而無二其要害一時者、一切之諸魔鬼神令レ得二其便一故、深構二要害一者也、且又為二盗賊用心一也。於二其余一者、無所用、万一雖然、於今時分無理之子細等令二出来一時之於二其儀一者、誠此度念佛申遂二順次往生一而令二死去一、又逢二非分難苦一令二死去一、共以同篇之間、任前業之所感也。然上者、為二佛法一不レ可レ惜二一命一可レ合二戦一之由、兼日諸人一同令二評定一之衆儀而已矣。

文明弟五十月日

多屋衆

これは『蓮如上人全集・御文全篇・三十七』に当たります。以下に同辻川氏による読み下し文、及び現代文の大意を引用します。

（読下し文）

右斯《こ》の両三ヶ年の間　此の当山に居を占め（居住なり）今に堪忍《かんにん》せしむる根元は　更に名聞利養を本《もと》とせず　栄華栄耀《えいがえいよう》を事とせず　只願うところは往生極楽の為め計りなり。而《しか》る間当国・加州・越中の内の土民百姓已下《いか》等に於て　其の身一期《いちご》は徒に罪業を造りて　一善を修むる子細之れ無くして　空しく三途《さんず》に堕在すべきの間　強《あなが》ちに不便《ふびん》たるに依りて　幸に弥陀如来の本願は誠に以て当時の今の根機に於て　相応の要法たる上　偏《ひとえ》に念佛往生の安心を勧むるの外《ほか》他事なきの処に　近比《ちかごろ》牢人出張の儀に就き　諸方より種々雑説を申すの条　言語道断迷惑の次第なり。愚身更に所領所帯に於て　且て其の望み作《な》さゞるの間　何を以て其の罪咎に処すべけんや　不運の至り悲しみても猶《なお》余り有る歟《か》。之に依り心静かに念佛修行せしめん其の在所に於て　別して其の要害無き時は　一切の諸魔鬼神其の便りを得しむる故に　深く要害を構うる者なり。

且は又盗賊用心の為なり。其の余に於ては　所用なく　万一然りと雖も　今の時分無理の子細出来《しゅったい》せしめん時の　其の儀に於ては　誠に今此の度念佛申して順次往生を遂げ死去せしむ　又非分難苦に逢いて死去せしむるも共に以て同篇の間　前業の所感に任すなり。然る上は　佛法の為に一命を惜しむべからず合戦すべきの由　兼日《けんじつ》に諸人一同に治定《じじょう》せしむるの衆議のみ

（大意）

自分（蓮如）が両三年吉崎に居住して不自由な田舎暮らしに堪え忍んでいるのは、ただ諸国の土民や百姓に阿弥陀如来の本願である信心の要諦を会得せしめるためであって、我が身の名利や名聞を計る目的はいささかも無い。

ところが最近、我々が牢人と結託している等々の雑説（いいがかり、因縁）をつけられていることは甚だ迷惑千万である。我々にどのような罪咎《つみとが》があって、このような難題が寄せられるのかは

判らないが、ただただ身の不運を嘆くばかりである。吉崎に要害を構えたのは、一切の諸魔鬼神の類《たぐい》を斥《しりぞ》け、盗賊の用心のためである。

しかしながら、もし万一不測の事態がおこれば、そのときは佛法を守るために一命を惜しまず戦う決意である。

我々はすでに往生が決定している身であるから、たとえどのような死にざまに会おうとも、後生では必ず同じ浄土でめぐり合う同志である。

以上のことを衆議によって議決したので、ここに宣言する。

更に氏は続けて

この『御文』(所信表明)の中で蓮如は、我が身には所領的な野心や名利名聞を計る気持ちなどが少しも無いこと強調して、外部勢力の疑惑を打ち消すとともに、門徒に対しては佛法一途の覚悟を促し、吉崎の要害はあくまでも専守防衛のためであるが、万一の場合には、合戦をも辞さないという硬軟両様の姿勢を示して、決意のほどを厳しくかつ明確に打ち出している。

と結論づけています。

全篇三十六が文明五年十月三日であり、三十七も同じ十月に書かれているので、両者の間にあまり日の距りはありません。しかもこの全篇三十七には、只今読みました如く、駭愕《がいがく》、思わず息を呑ましめるような一大決意が披瀝されています。吉崎帰着後、僅か数日（幾ら長くとも、一ヶ月にはならない）の中に、こんな心境の変化が起こったとは、到底考えられません。

辻川氏の指摘の如く、この（全篇三十七）文の署名は『多屋衆』であっても、実体、つまりこの文の実際の主語は、蓮如個人である事は明白であります。本文五行目から六行目にかけて、

愚身更ニテ於二所領所帯一ニ　且テ不レ作二其望一ノ之間

「所領」を得たいとは思っていない（今日の言葉で言うなら、領土的野心がない）「愚身」とは、蓮師以外ではありえないでしょう。

そこで当三十七の書き手、即ち蓮如上人が、

誠ニ此ノ度ヒ念佛申テ遂二順次往生一而令二死去一、又逢テ二非分難苦一ニ令二死去一、共ニ以テ同篇之間、任前業之所感也。

然ル上者、為メニ二佛法一不レ可レ惜二一命一…

語　釈

非分《ひぶん》　①分際に合わないこと。分不相応。②道理に合わないこと。不合理。不正。〈岩波古語辞典〉

同篇《どうへん》　同じであること。変りのないこと。〈同右〉

順次生《じゅんじしょう》（シャウ）　この生の次の生。生れ変わった次の世。順次。

誠に此度念佛申して、順次往生を遂げ、死去せしむるも、又非分難苦に逢いて死去せしむるも、

共に以て同篇の間、前業之所或に任す也。然る上は、佛法の為に一命を惜むべからず…

と所信を述べられました。即ち、

誠に、この世で念佛を称え、死後は極楽に往生するか、それとも、天寿を全うできないで災難に逢って死ぬか、何れにせよ同じことで、銘々前世の業の作用するところに任せればよいのだ。こうなった上は（いずれ後生は浄土でまた巡り合う同志なのだから）、佛法の為には一命を惜しむべきではない…

と、上人は、なんら咎められるところはないにも拘らず、万一不逞の輩の攻撃を受ける事態が起これば、皆一丸となって、身命を惜しまず戦おう。そして、生きるも死ぬも、来世は極楽浄土で倶に会うことができるのだから、と宣言されたわけであります。

即ち、上人は多屋衆、言い換えれば吉崎寺内町の住人達と一味同心の誓をされたわけで、これは当に、「一揆」の精神であります。「時尅到来」の四字の含蓄はここにあると思います。門内多屋、いわば本丸の炎上を目前に、死を決した冷徹な心境と言うべきでしょう。

ところで、已に申しました如く、ほんの数日（全篇三十六、全篇三十七の起草の合間）にこんな重大決心ができた筈はありません。藤島に於いて、吉崎帰還を決定された時、已に死の覚悟ができていたのです。そしてそれならなおのこと、吉崎の凡ての住人が信心決定していなければならない。

いつ、お互いに死に別れても、やがては再び浄土で会えるのだという信念に住している必要がある。愚老はただ戦争をする為になど、決して吉崎へは帰らぬ――私は、全篇五十一―一の二十四項以下に、迎えに来た多屋衆と上人との間に、藤島超勝寺の御堂内かどこかで、こういう緊迫した一齣があったに違いないと申したわけです。

上人のこの願は結実しました。その喜びの表明されたのが、前に読みました、

今度　一七ヶ日　報恩講　ノ　アヒタニヲヒテ　多屋内方モ　ソノ　ホカノ　人モ　大略　信心ヲ　決定　シ　給ヘル…

という文明五年十二月八日の御文（二帖目第一通・全篇四十一―一）です。文末に添えられた和歌、

ノチノ　代ノ　シルシノ　タメニ　カキオキシ　ノリノ　コトノ　葉　カタミ　トモ　ナレ

に、上人の密かな死の決意が読み取れるでしょう。

報恩講中の、一同の信心決定の喜びのことは、更に先回拝読した五十一―一にも述べられていま す。ここでは過去足掛け四年の吉崎滞在が回顧されて、その間ずっと望み続けて来たことがようやく叶えられたと、その心境がまた和歌に託されています。

秋さりて夏もすぎぬる冬ざれのいまは春べとこころのどけし

歓喜の想いが溢れるばかりであります。門徒達に取り巻かれて春の長閑《のどか》を満喫される様子が目に浮かびます。しかもそれは近々に決戦を控えた嵐の前の静けさであります。

文明四年正月の吉崎閉門の時、文明五年秋の山中、藤島旅行の時と此度は違って、吉崎死守が決意されていたのです。然し勝敗は時の運で、そういう意味での「時节到来」なのです。

寛正六年(一四六五)の山門による大谷の本願寺破却事件以来、十数回に亙って、争いをしかけられた時は何時でも退き下がるという無抵抗を、此度は応戦に決しられた理由は一体何だったのでしょうか?

朝倉孝景がそれを蓮如上人に強要したのだと私は思います。当時の北陸の状勢については、何度かお話して来ましたが、朝倉は西軍の甲斐敏光を加賀へ放逐し、逆に加賀では、西軍の富樫幸千代が、兄の政親を追放します。

敗れた政親は都へ落ちのびた——というのが歴史の定説のようでありますが、辻川達雄氏の記述によると、彼は本拠・山内荘の天険に籠って戦ったが抗し切れず、孝景を頼って越前に来たとのことです。

孝景としては、この際、政親に何とか加賀を回復させたいと思いました。何しろ孝景に敗れた甲斐敏光は、加賀で態勢を挽回する度に、絶えず越前に戻って来て、文明五年の八月の蓮ヶ浦の合戦では、朝倉勢の方が不利であったとも言われています。ですから、加賀の西軍を打倒しない限り、孝景としては安泰であることができなかったのです。

然し越前国内に尚多くの敵を持つ孝景としては、加賀に出兵するゆとりは全くなかったので、吉崎の蓮如上人に助力を懇請しました。上人は、已に文明三年以前に、都で朝倉孝景に会って、吉崎下向について、彼からの了解を取り付けています。この時上人は彼の傲慢さに大いに不快を覚えました。けれども彼の後盾のお蔭で、越前国内に思うように布教ができたのです。

蓮師は彼の懇請を何度も退けたに違いありません。それで朝倉孝景は、国内の真宗門徒に対する弾圧を仄めかして、脅迫して来たのではないかと思います。

このような現象は、この頃から戦国時代の終りにかけて、日本国内所々で多く見られます。例えば、織田信長の父・信秀は尾張領国内の真宗門徒を弾圧し、越後の長尾氏は永正年間（一五二一）、一向宗禁止令を出しています。薩摩の島津氏などは幕末までずっと真宗禁制でした。

室町幕府の下では、守護が大いに力を振いましたが、戦国時代には、それに代わって、強力な戦国大名が各地に登場します。それまで守護代であったが主君を押し除けて一国を支配するようになった者をそう名付けます。ただ中には元々守護代よりは更に身分が下であった者も、単なる一介の浪人の如き者もいました。反面、昔から守護であったのが、引続き領国を支配した家系も少なくありません。

そのような地方の有力者達は、従来の荘園を無視して、彼らの勢力範囲の一円支配を試みるようになります。こういう人々を戦国大名と名付けるのですが、この一円支配の為に大きな障害となったのが、真宗門徒、俗に言う一向一揆です。

とは言え、一円領国を完成する為には、どこでも真宗門徒が弾圧を蒙《う》けたとは限りません。飛騨国などでほ、蓮如上人の仲介によって在地武家勢力は真宗門徒団と平和裡に共存することとなります。また中国地方の大半を支配下に収めるようになる安芸の毛利氏の許では、浄土真宗が、戦国時代を通じて大いに弘まるのです。

これを要するに、地方の国々の支配者が、守護大名から戦国大名に変身するに当って、本願寺系の浄土真宗が盛んになった地域では、その存在が大問題となったわけです。大名らとしては、その力を借りるか、それと対決するかでなければ、領国の一円化が達成できなかったのです。

この天下の趨勢を、蓮如上人は、戦国時代初期に於いて、早くも見て取られました。精力的に越前の支配権を固めつつある朝倉孝景を敵に廻すのは絶対危険でした。一方、富樫幸千代、甲斐敏光側も、吉崎に誘いかけていたかも知れません。然し蓮師としては朝倉方に荷担するべきだと判断されたのです。この際いずれの側にも付かないというのは不可能でした。右に述べたような時代の流れから、戦国大名に対しては、敵になるか、味方をするかの選択しかあり得ず、中立は自滅に外ならなかったのです。

こういうことを凡て洞察しておられながら、尚且、何とか穏かに事を運ぶ道はないか、ずっと一生守り通して来た平和主義を貫けないものか、上人は模索し続けられました。

それが山中から藤島への旅ではなかったのでしょうか？

それを引き止めたのは、果して多屋衆だけだったでしょうか？　私は、朝倉孝景がひょっとしてそれに加わったのではないかと想像するのです。彼が力ずくでも上人の上洛を阻止すると言ったとしたら、もうどうにもならなかったでしょう。藤島は現在の福井市で、越前平野の中程で、とても彼の目を逃れるわけには行きません。

辻川氏などは、藤島の超勝寺で、この時、孝景と政親及び上人が一堂に会して、三者の盟約が成立したと想定されています。この仮説について私は何とも申せませんが、超勝寺滞在の数ヶ月が、蓮師の生涯の一つの転換期となったことは断言できましょう。蓮師の生涯のみならず、日本中世史の転換期であるとも言えます。

何故ならば、これが歴史上最初の「一向一揆」となるからです。尤も寛正七年（一四六六）、近江の金森で、門徒衆が、押し寄せた山門の衆徒を打ち破った戦がありました。然しその当時の人々には、これが一向一揆であるとの認識はありませんでした。

上人が吉崎へ戻られた文明五年九月末から、加賀に戦機近付くの感が徐々に昂まっていました。吉崎の山にも、日々緊張が増して行きます。蓮ヶ浦の戦に続いて、十月には甲斐勢が、吉崎のある河口、坪江荘を焼き払っています。その矢先、今度の、御山に起こった大火事です。誰の目にも、これは敵方の挑発と映ったに違いありません。蓮師もやはりこの疑いは持たれたでしょう。御文の文面は如何にも失火という考え方のように取れますが。私にはこの火事が、蓮師も含めた吉崎の人々に、最終的な参戦決断を下させたと考えます。

この年の六月、甲斐敏光は朝倉孝景と和睦して兵を引き上げます。その翌七月、加賀の本願寺門徒は富樫政親を援けて、幸千代と、それに同心する専修寺門徒と遂に戦端を開きます。十月十四日、幸千代方の本拠・蓮台寺城は陥落、幸千代は都へ落ち延びます。

この戦のことを興福寺の大乗院寺社雑事記（笠原一男『一向一揆の研究』一二二頁）には、

加賀国一向宗土民与二侍分一確執、侍分悉以自二土民方一払二国中一、…

加賀ノ国ノ一向宗土民ハ侍分ト確執アリ、侍分コトゴトク土民方ヨリ国中ヲ払ワレ…

「加賀の一向衆徒と侍達が争い、侍達は衆徒によって、皆国外に追放された」――と言っています。南都の一本山である興福寺は、当然この確執した双方とは無関係の第三者であります。その人々から見て、この戦争は、一向衆徒、即ち蓮如上人の本願寺門徒と侍分、即ち富樫幸千代の軍の間で行われたことになっています。一国の支配権を賭けた戦で、土民が武士達に全面的な勝利を収めたとして瞠目《どうもく》しています。――これは我が国の歴史始まって以来の大事件だからです。

今の世の中から見れば、それは何でもないことのようですが、武家政治の当時に於いて、百姓達が侍分を打破るなんて、考えも及びませんでした。それで、その本願寺教団を作り上げたその法主たる蓮如上人の開戦前夜に於ける胸の中がどんなものであったか、おしはかっていただきたいと思います。

本御文の段落区分した時、全体を二段に分け、その各々を二節にしてみました。後段の二節は、更に又各々二項に分けることができました。全文二十一行を、ちょうどその真中の十一行目で二分し、前段をまた中程の六行目で節区分しました。後段九行も、概《おおむね》四等分された四項となります。

全く均整の取れた対称形となっています。内容的に見ても、前段が事実関係、即ち外的事情、後段が説法、換言すれば内的問題です。後段の両節で、前節は無常、つまり此の世の事、後段は涅槃、つまりあの世の事になっています。更に前節前項は外界の無常を説くのに対して、後項は人間自身の無常であります。後節の二項について言っても、前項の「極楽にまひる」即ち往相廻向に対し、後項の「穢土にたちかへり」即ち還相廻向が向き合っているのです。一つ一つが対照を成す、何か胸がすくような整然たる構成ではありませんか。

蓮如上人畢生の宿願・浄土真宗の興業成就した吉崎下向・定住と、堂宇が凡て烏有に帰した顚末を語る前段を受けて、諸行無常の永遠の真理、極楽往生より還来穢国に至る浄土門の説く、いわば無彊の敍事詩が後段を形作っています。

過去四年の間に吉崎の蓮師の許に「群集」した人々は、「いく千万といふかずをしらず」（全篇四十八）という盛況でしたが、その人々は皆「信心を決定」（十七行）した筈だ。「みんな、愚老と一緒に死後は「極楽にまひ」（十七行目）ろう。そしてまた、「六親眷屬」（二十行目）を助けるべく穢土へ戻って来よう」――という風に前段、後段を一貫して著者の喜びに充ちた確信が歌い上げられているように感じられます。

そして今や時尅到来、此度の火事によって、富樫幸千代との合戦は不可避のものとなった。未だ、実戦の経験のない我々は、本来の侍分と対決しなければならなくなった。従って勝敗の帰趨は勿論我々の知るところではない。然し勝とうが負けようが、我々は不運にして命を捨てる者（逢非分難苦令死去〈全篇三十七〉）と、生き延びる者（遂順次往生而令死去）に分れるのだ。いずれにせよ、我々はやがて安養の浄土〈十八行目〉で倶に会おう。

　こういう壮烈な決意と永遠の彼方を見つめる悠然たる安心の披瀝された文調は、我々を魅了して尽きるところがありません。またこれは、天高く舞い上がった鵬《おおとり》の眼下にひろがる、過去現在未来、そして此岸と彼岸に肢《また》がる雄大な鳥瞰図《ちょうかんず》の如くではありませんか。

著者略歴

大谷暢順（おおたに・ちょうじゅん）

1929年京都生まれ。
東京大学文学部、ソルボンヌ高等学院卒業。パリ第７大学文学博士。名古屋外国語大学名誉教授。フランスパルム・アカデミック勲章受章。現在、本願寺門跡・本願寺維持財団理事長。
著書に『蓮如上人全集』『定本五帖御文』『新鸞聖人集』（仏語）『御文を通じて見たる蓮如上人の教理と実践』（仏語）『ジャンヌ・ダルクと蓮如』、訳書に安倍公房『他人の顔』（仏訳）など。

JIMBUN SHOIN Printed in Japan.
ISBN4-409-41078-4 C1015

蓮如《れんにょ》の「御文《おふみ》」

二〇〇五年 三月一五日 初版第一刷印刷
二〇〇五年 三月二〇日 初版第一刷発行

著者 大谷暢順
発行者 渡辺睦久
発行所 人文書院
〒六一二-八四四七
京都市伏見区竹田西内畑町九
電話〇七五(六〇三)一三四四
振替〇一〇〇〇-八-一一〇三
印刷 創栄図書印刷株式会社
製本 坂井製本所

乱丁・落丁本は小社送料負担にてお取替致します。

http://www.jimbunshoin.co.jp/